Ihre Arbeitshilfen zum Download:

Die folgenden Arbeitshilfen stehen für Sie zum Download bereit:

- Persönliche Werteliste
- Skala zur Selbsteinschätzung
- Steckbrief: Affe
- Steckbrief: Gazelle
- Steckbrief: Löwe
- Der Stresstier®-Test

Den Link sowie Ihren Zugangscode finden Sie am Buchende.

Das Stresstier® in Dir

Markus H. Stork

Das Stresstier® in Dir

So gehen Sie produktiv mit Stress um

1. Auflage

Haufe Group
Freiburg · München · Stuttgart

Bibliografische Information der Deutschen Nationalbibliothek

Die Deutsche Nationalbibliothek verzeichnet diese Publikation in der Deutschen Nationalbibliografie; detaillierte bibliografische Daten sind im Internet über http://dnb.dnb.de abrufbar.

Print:	ISBN 978-3-648-13624-9	Bestell-Nr. 10394-0001
ePub:	ISBN 978-3-648-13625-6	Bestell-Nr. 10394-0100
ePDF:	ISBN 978-3-648-13626-3	Bestell-Nr. 10394-0150

Markus H. Stork
Das Stresstier® in Dir
1. Auflage, Februar 2020

© 2020 Haufe-Lexware GmbH & Co. KG, Freiburg
www.haufe.de
info@haufe.de

Bildnachweis (Cover): © Javier brosch, Adobe Stock

Produktmanagement: Judith Banse
Lektorat: Gabriele Vogt

Inhaltsverzeichnis

1 Wer oder was ist überhaupt das Stresstier®?

Montagmorgens auf der Arbeit

Du kommst ins Büro und möchtest erst einmal in Ruhe einen Kaffee trinken. Dein Weg führt dich über die noch unbelebten Gänge Richtung Kantine. Da kommt sie auch schon um die Ecke gebogen: die Kollegin, die du im Moment am wenigsten sehen möchtest. Mit einem fröhlichen »Guten Mooooorgen!« wirst du begrüßt und hast ab sofort einen Schatten, der redet wie ein Wasserfall. Vorbei ist es mit der morgendlichen Ruhe. Du erfährst wortreich alle Details eines aufregenden Wochenendes, ohne selber kommunikativ aktiv werden zu müssen. In der Kantine trefft ihr auf euren Kollegen, der noch wochenstartmüde an einem Tisch sitzt und bei einer schwarzen Tasse Kaffee vor sich hin sinniert. Sofort widmet deine Kollegin ihm die volle Aufmerksamkeit und schwingt ihm ebenfalls ein fröhlich geflötetes »Guten Moooooorgen« entgegen. Als Reaktion entfährt deinem Kollegen ein gebelltes: »Bis jetzt war er das!« Deine entsetzte Kollegin wendet sich sofort wieder dir zu und beginnt ihre weiteren Ausführungen mit einem aufgeregten: »Hast du das gehört? Unverschämt, einfach unverschämt …« Nach und nach werden nun ungefragt drei weitere Kollegen ins Gespräch mit einbezogen und das Erlebte wird akribisch aus der eigenen Sicht wiederholt. Du sehnst dich einfach nur nach einer ruhigen Ecke mit einer schönen Tasse Kaffee.

Morgens zu Hause

Ich wecke die Kids. Die erste Frage meines Fünfjährigen: »Muss ich heute in den Kindergarten?« Nach meinem »Ja« große Diskussionen. »Ich will nicht in den Kindergarten, ich will zu Hause bleiben und basteln.« Die Zweijährige steht derweil juchzend im Kinderbett, ihr Kuscheltier unter dem Arm und ruft lautstark im Wechsel nach mir und meiner Frau: »Mamaaaaa, Papaaaa, Mamaaaa, Papaaaa!« Meine Frau gesellt sich zu mir und meinem diskutierenden Sohn und greift durch: »Jendrik, Schluss jetzt! Aufstehen und anziehen!« Der kleine Mann ist geknickt und kriecht unter seine Decke, während die Kleine nun hüpfend im Bett steht und immer lauter krakeelt.

Zwei Schauplätze, ein Hauptakteur: das Stresstier® in Action!

Bestimmt hast du solche oder ähnliche Situationen auch schon einmal erlebt. Ganz egal in welchem Lebensbereich: Wir Menschen verhalten uns an manchen Stellen sehr unterschiedlich. Dadurch kommt es manchmal zu Unverständnis, Spannungen und Streit. Gerade durch diesen Stress verstärkt sich unser ureigenstes Verhalten zusätzlich und unsere Urprogramme kommen deutlich zum Vorschein. Das rationale Denken tritt in solchen Stresssituationen in den Hintergrund und unsere inneren Strukturen übernehmen das Regiment. Dies führt dazu, dass Konflikte und Unverständnis eher noch verstärkt werden und die verschiedenen Menschentypen nicht zueinanderfinden.

An diesen Stellen kann es helfen, zu verstehen, was da eigentlich passiert. Mit dem Wissen um die verschiedenen Stresstiere, in die wir Menschen unterteilt werden können, hast du die Möglichkeit, auch in einer angespannten Situation in eine Vogelperspektive zu gehen. Das kann dir dabei helfen, neue Lösungsmöglichkeiten für Stresssituationen zu finden und zu verstehen, dass das Verhalten anderer Menschen nicht zwingend mit dir zu tun hat, sondern schlichtweg ein Produkt des inneren Stresstieres sein kann.

Wenn wir das Verhalten der unterschiedlichen Akteure in den verschiedenen Situationen beobachten, so lassen sich die Verhaltensmuster auf drei wesentliche Typen/ Arten herunterbrechen:
1. zum einen die **Gazelle**, die einen starken Bezug zu anderen Menschen sowie viel Redebedarf hat und sich in »der Herde« am wohlsten fühlt;
2. zum Zweiten der **Löwe**, der ein ausgeprägtes Geltungsbedürfnis verspürt und sehr impulsiv und dominant auftreten kann und
3. zum Dritten der **Affe**, der mit steigendem Stresspegel nach außen zunehmend ruhiger, verschlossener und wortkarger wird und gerade im Stress ein großes Bedürfnis verspürt, sich zurückzuziehen.

Hier stellt sich die Frage: Wo siedelst du dich an im Zoo der Stresstiere?

1.1   Wo dir das Stresstier® im Alltag begegnet

Das Stresstier® begegnet dir ständig. Egal ob im Büro, in der Partnerschaft oder im Meeting. Wahrscheinlich ist dir auch schon aufgefallen, dass sich Menschen in angespannten Situationen sehr unterschiedlich verhalten. Manche Menschen haben ein Bedürfnis, sich mit anderen auszutauschen, andere gehen wie das berühmte HB-Männchen an die Decke und wieder andere brauchen in Stresssituationen den Rückzug. Dies alles ist ein Ergebnis unseres inneren Stresstieres und die Auswirkung unserer inneren Programme, die unbewusst in unserem Gehirn ablaufen.

Je nachdem, wie dein Gehirn programmiert ist, hast du einen inneren Antrieb, dich auf eine bestimmte Art und Weise zu verhalten. Gerade in Stresssituationen ist dies kein bewusst gesteuertes Verhalten, sondern dein Gehirn greift sozusagen auf einen Autopiloten zurück, der bestimmte (Re-)Aktionen bei dir auslöst. In Meetings, Coachings und Workshops, in öffentlichen Verkehrsmitteln, in der Partnerschaft, im Freundeskreis und bei den eigenen Kindern kannst du Tag für Tag die Auswirkungen des Stresstieres beobachten.

Dies hat auch Auswirkungen auf das tägliche Miteinander: Es gibt Menschen, mit denen verstehst du dich blind, weil sie ähnlich ticken wie du, und es gibt andere Menschen, deren Reaktion du nicht einordnen und verstehen kannst, weil sie sich stark von deinem eigenen Verhalten unterscheiden.

Stell dir einmal ein klassisches Meeting in einem Unternehmen vor. Es wird ein Punkt angesprochen, der die Gemüter erregt und schon ist er da, der Zoo voller Stresstiere. Kollege Müller fängt sofort an, mit Frau Meier zu tuscheln, und nimmt Blickkontakt zu Frau Schneider auf. Eine WhatsApp-Gruppe wird eingerichtet, in der Nachrichten hin- und herfliegen. Angeregte und aufgeregte Gespräche beginnen, Emotionen kochen hoch. Herr Schmidt wirkt erst ruhig und explodiert dann in regelmäßigen Abständen. Seine Kaumuskulatur arbeitet in den ruhigen Phasen heftig, sein Kopf wird rot, die Halsschlagader pulsiert. Dann haut er auf den Tisch und macht seinem Ärger lautstark Luft. Erste Vorwürfe fluten den Raum und Herr Schmidt stellt die Führungskraft infrage. Frau Seidel und Herr Dunker werden immer stiller und irgendwann verlässt Herr Dunker den Raum, um sich eine Viertelstunde auf die Toilette zurückzuziehen.

Und irgendwo dazwischen sitzt du und reagierst auf deine Art und Weise.

Neulich war ich auf einem Flug von München nach Münster und das Flugzeug setzte etwas unsanft auf, weil uns eine kleine Windböe erfasst hatte. Der Pilot hatte seine liebe Mühe, den Flieger sicher auf die Landebahn zu bringen. Nach dem ersten Schreck begrüßte uns die Stewardess humorvoll mit den Worten: »Wir heißen Sie hart, aber herzlich in Münster willkommen.« Und da war es auch schon: das Stresstier®. Zwei Reihen vor mir begann ein Fluggast sofort lautstark zu tönen, dass er so eine unprofessionelle Landung noch nie erlebt hätte. Von Reihe 10 bis 14 begann eine Unterhaltung über mehrere Reihen: »Klaus, hast du gehört, hart, aber herzlich!« – »Jau, guter Gag. Hast du eigentlich dein Brötchen noch gekriegt in München?« – »Ne, ich hab 'ne Weißwurst gegessen und du?« – »Ein gut belegtes Brötchen. Brötchen mit Schnitzel.« Ein anderer Mitreisender sitzt dazwischen und schaut sehnsüchtig aus dem Fenster in die Ferne.

Schauen wir uns eine weitere Szenerie an. Eine lockere Gartenparty. Während du dich umschaust, nimmst du die unterschiedlichen Gäste wahr. In deinem direkten Blickfeld steht ein Mann mittleren Alters. Auffällig gutaussehend gekleidet mit einem maßgeschneiderten Anzug. An seinem Handgelenk eine dicke Uhr, die er geschickt zur Schau stellt. Er war dir schon aufgefallen, weil er seinen Porsche direkt vor der Tür geparkt hatte und zielstrebig mitten ins Geschehen marschiert ist. Seine Stimme schallt deutlich bis zu dir. Du hörst eine Weile zu: »Leute, ich sage euch, wenn ich das Ding nicht gerettet hätte, wäre mal wieder alles den Bach runtergegangen. Alle anderen haben sich an dem Projekt versucht, aber keiner hat es gebacken gekriegt. Da musste ich mal wieder einspringen und es gradebiegen.« Drumherum stehen bewundernd einige Zuhörer, ein Gläschen in der Hand und bestätigen den Retter mit bewundernden »Ahhs« und »Ohhs«. Am Rande des Geschehens stehen unauffällige Beobachter, die sich das Spiel aus zweiter Reihe anschauen und wie abwesend an ihren Getränken nippen.

Nach der Lektüre der folgenden Kapitel wirst du verstehen, was hinter den einzelnen Verhaltensweisen steckt und welche Stresstiere sich hier widerspiegeln. Dadurch wirst du nicht nur diese beiden Szenen besser verstehen und die einzelnen Charaktere besser zuordnen, sondern auch dein soziales Umfeld besser einordnen können.

1.2   Was es dir bringt, mehr über das Stresstier® zu erfahren

In meiner Profession als Persönlichkeitsleser® fällt mir immer wieder auf, wie wenig die meisten Menschen eigentlich über die Strukturen in der Persönlichkeit und in der Kommunikation Bescheid wissen. Dazu werde ich oftmals von Unternehmen bei Konflikten, Kommunikationsproblemen oder Stressbelastungen im Unternehmen beauftragt, bei denen ich dann als Trainer und Coach für Abhilfe sorgen soll.

In meiner Wahrnehmung gibt es zwischen diesen beiden Beobachtungen einen sehr deutlichen Zusammenhang. Je weniger die Menschen über Persönlichkeitsstrukturen und Kommunikation wissen, desto häufiger kommt es dadurch zu Situationen, in denen Teams nicht gut miteinander kommunizieren (können). Hieraus entstehen Konfliktsituationen, die oftmals unterhalb der Sichtbarkeitsgrenze schwelen und dementsprechend bei den Mitarbeitern zu einer massiven Stressbelastung führen. Was für den beruflichen Bereich gilt, gilt ebenso für den privaten Bereich.

Je mehr aber Werkzeuge der Kommunikation allgemein bekannt sind und je mehr der Einzelne über seine eigene Persönlichkeit und über die Bedürfnisse seines Gegenübers weiß, desto größer wird das Verständnis füreinander, desto reibungsloser verläuft die Kommunikation miteinander und alle Beteiligten fühlen sich wohler.

Wenn Menschen sich in einem Umfeld aufhalten, wo sie Unterschiede wahrnehmen, und einordnen können, woher diese Unterschiede kommen, wird aus Mutmaßungen und Unterstellungen schnell eine Atmosphäre des konstruktiven Austauschs. Wenn Menschen offen über ihre Bedürfnisse kommunizieren und es zu einem respektvollen Umgang und einer Wahrung der persönlichen Komfortzonen kommt, dann kann das Miteinander sehr entspannt sein.

Auf die einzelne Person heruntergebrochen gilt das allerdings auch. Wenn du dir selbst nicht bewusst bist, was dich antreibt in deinem Leben, wenn du nach dem Trial-und-Error-Prinzip lebst, dann wird der Weg durch dein Leben ein Zufallsergebnis bleiben. Wenn du dir allerdings klarmachst, wie du tickst, was deine Bedürfnisse sind, wie du in bestimmten Situationen reagierst und was deine inneren Motive sind, die dir Energie geben, dann kannst du bewusst dein Leben planen und dir Qualitätsräume schaffen, die du so gestaltest, dass du dich wohlfühlst.

Als Coach erlebe ich es oft, dass Menschen zu mir kommen, die verzweifelt sind, weil sie ein Gefühl der inneren Leere spüren. Die merken, dass sie sich irgendwie verrannt haben, allerdings nicht genau festmachen können, woraus dieses Gefühl resultiert oder wie sie in diese Situation gekommen sind. In diesen Lebensphasen ist es sehr effektiv und erhellend, Klarheit in das eigene Verhalten und die treibenden Lebensmotive zu bringen. Den meisten Coachees wird dann sehr schnell klar, warum sie in einer bestimmten Situation sind, und sie erkennen rückblickend so etwas wie ein Verhaltensmuster in ihrem Leben, welches sie von diesem Zeitpunkt an aktiv gestalten können. Und zwar in der Art und Weise, dass es ihnen guttut.

Diese Erkenntnisse haben in mir die Frage auftauchen lassen, wie ich es schaffen kann, möglichst viele Menschen auf diesen Themenbereich und vor allen Dingen auch auf menschliche Verhaltensweisen neugierig zu machen. Als Ergebnis ist dieses Buch entstanden, welches dir auf eine lockere Art und Weise leicht nachvollziehbare Einblicke in das Thema geben soll. Die Stresstier®-Systematik erhebt dabei nicht den Anspruch an höchste wissenschaftliche Standards, sondern soll dir vielmehr ein Mittel an die Hand geben, welches praxistauglich ist. Du sollst Spaß daran bekommen, dich selbst und andere Menschen besser zu verstehen, indem du wahrnimmst, dass es Unterschiede gibt. Und sie soll dich neugierig darauf werden lassen, was du aus diesen Unterschieden für dich und die Begegnung mit anderen Menschen lernen kannst.

Ich gebe dir dazu im Buch eine ganze Reihe von Ideen an die Hand, wie du die einzelnen Stresstiere daran erkennen kannst, wie sich diese verhalten und wie sie kommunizieren. Du erfährst, welche Auswirkungen das auf die unterschiedlichen Lebensbereiche wie Beruf, Partnerschaft und Kommunikation im Allgemeinen haben kann. Du bekommst auch konkretes Werkzeug gereicht, welches dir dabei helfen kann, dein Leben angenehmer und entsprechend der Bedürfnisse deines Stresstieres zu gestalten. An der ein oder anderen Stelle werden wir gemeinsam kleine Abstecher in Themenbereiche machen, die eng mit dem Stresstier® verknüpft sind, oder die dir zusätzliche Möglichkeiten bieten, deine eigene Persönlichkeit besser zu verstehen.

Denn wenn du mehr über dein Stresstier® erfährst, hilft dir das in erster Linie, dich selbst besser zu verstehen und dir bewusst zu machen, warum du dich in bestimmten Situationen auf eine dir ureigene Art und Weise verhältst. Es hilft dir aber auch dabei, das Verhalten anderer Menschen besser einzuordnen, mehr Verständnis für die Andersartigkeit von Menschen zu gewinnen und Situationen, die bisher konfliktträchtig oder unangenehm waren, bewusst zu entschärfen.

Du wirst beginnen, mit einem anderen Blick durchs Leben zu gehen, und dir werden Dinge an Menschen auffallen, die dir vielleicht vorher noch nie aufgefallen sind, weil sie für dich in einem verborgenen Bereich lagen. Es wird deine Neugier wecken, dich und andere genauer zu beobachten. Vielleicht führt es dazu, dass du an einigen Stellen Potenziale, die du in dir trägst und die du bisher ignoriert hast, stärker nutzen kannst, was zu einem höheren Energielevel in deinem Leben führen wird. Möglicherweise kannst du einigen Menschen toleranter begegnen und anhand der Beobachtung des Anderen neue Facetten wahrnehmen, die dein eigenes Leben bereichern.

Du siehst also, es lohnt sich aus vielen Gründen, dass du dich auf die Reise machst, um das Stresstier® zu entdecken. Um dir das Verständnis für die einzelnen Stresstiere und deren Ausprägungen möglichst lebhaft nahezubringen, habe ich das Buch mit zahlreichen Geschichten und Erlebnissen angereichert. Diese stammen aus den unterschiedlichsten Bereichen und dienen dem besseren Verstehen. Wenn du dich also fragen solltest, was eine bestimmte Geschichte mit deinem Arbeitsalltag zu tun hat, dann schau einfach auf die Handlungsstruktur hinter der Story. Entscheidend ist in den Storys, wie die einzelnen Verhaltensweisen der beteiligten Personen und das Zusammenspiel der Akteure sind. Diese lassen sich eins zu eins auf beliebige andere Situationen übertragen.

Unser Unterbewusstsein und unsere Stresstiere unterscheiden nicht zwischen einer beruflichen und privaten Situation, sondern lassen uns so reagieren, wie es unsere inneren Strukturen vorgeben. Daher wirst du in diesem Buch nicht nur Arbeitssituationen begegnen, sondern wir werden stellvertretend auch die verschiedensten Orte des Privatlebens besuchen, vom Kreißsaal bis zur Kneipe.

Dabei wünsche ich dir viel Spaß und wertvolle Erkenntnisse!

2 Ein Blick ins Gehirn

Unser Gehirn ist ein Wunderwerk der Natur und befähigt uns dazu, all das zu tun, was wir tun. Die meisten Prozesse, die das Gehirn tagtäglich für uns erledigt, laufen ab, ohne dass wir es bewusst wahrnehmen. Dies funktioniert in den meisten Fällen auch sehr gut.

Interessant wird es allerdings, wenn das Gehirn uns, mit guter Absicht, in Situationen führt, die skurril bis lustig sind. In denen wir Dinge tun, von denen ein Außenstehender nicht nachvollziehen kann, was wir tun, oder wir uns selbst in eine Sackgassensituation bringen, die uns eher schadet, als nutzt. Doch dazu später mehr, zuerst möchte ich dir das Gehirn an sich vorstellen.

Wenn wir allerdings von *dem* Gehirn reden, ist das nicht ganz richtig. Das Gehirn hat sich im Laufe der Evolution immer wieder den Anforderungen angepasst, die an es gestellt wurden, und weist somit unterschiedliche Schichten auf. Wenn wir es ganz grob unterteilen wollen, dann können wir drei Schichten unterscheiden, die sich nach und nach entwickelt haben. Zur Veranschaulichung des Aufbaus kannst du deine Hände zu Hilfe nehmen.

2.1 Das Stammhirn

Der Daumen der linken Hand steht stellvertretend für den ältesten Teil unseres Gehirns (ca. 500 Millionen Jahre). Es ist das sogenannte Reptilien- oder Stammhirn. In diesem Teil ist auch das Reflexzentrum verankert. Er funktioniert wie ein kleiner Alarmgeber, der automatisch entscheidet, ob eine Information lebensbedrohlich für seinen Besitzer ist, sodass es sich lohnt, sofort zu reagieren, oder ob Zeit genug besteht, die Information eine Gehirnebene höher zu leiten.

Da alle Informationen aus unserer Umwelt über unsere Sinne eingespielt werden (bis zu 13 Sinne zählt die Wissenschaft zurzeit[1]) und diese sich über die Nerven im Rückenmark bündeln, muss jede Umweltinformation einmal durch das Stammhirn wandern. Dabei wird jedes Mal beurteilt, wie wichtig diese Information für den Besitzer ist. Ist sie nicht lebensbedrohlich und muss nicht reflexartig reagiert werden, dann wird sie auf weitere Relevanz geprüft.

---

1   Handelsblatt: Wie viele Sinne hat der Mensch? Ein sinnliches Wesen – schneller schlau, die tägliche Portion Wissen. https://www.handelsblatt.com/technik/forschung-innovation/schneller-schlau/schneller-schlau-wie-viele-sinne-hat-der-mensch/3646904.html, zuletzt abgerufen am 20.11.2019.

Wir können an dieser Stelle auch von einer sogenannten Türsteherfunktion sprechen. Geht es um für das Gehirn relevante Informationen, dann heißt es: »Du kommst hier rein«, die Information wird bewusst an den Gehirnbesitzer weitergespielt und prägt sich somit abrufbar ein. Ist dies nicht der Fall, wird die Information unbewusst verarbeitet oder einfach im nicht direkt zugänglichen Speicher abgelegt. In anderen Worten heißt das also: »Du kommst hier net rein!«

!   Wichtig

Dazu muss man sagen, dass das Gehirn wie eine gute Oma ist: Es schmeißt nix weg, weil man es ja vielleicht noch einmal gebrauchen könnte.

Ich kann dir aus eigener Erfahrung sagen, dass das Gehirn dabei seine eigenen Entscheidungskriterien hat, und mit Sicherheit hast du das auch schon selbst erleben können. Dinge, die uns interessieren, die uns unterhalten oder amüsieren, haben eine große Chance, ins Bewusstsein zu gelangen. Dinge aber, die sich stetig wiederholen, die uns langweilen oder keinen Einfluss auf unser Leben haben, rauschen in der Regel unbewusst vorbei.

Besonders intensiv durfte ich das in der Schule beobachten. Beim Lateinvokabellernen konnte ich mir noch so viel Mühe geben und stundenlang die Vokabeln wiederholen, sie wollten einfach nicht in meinen Kopf. Ich saß ganze Nachmittage über zehn Vokabeln und las mir die einzelne Vokabel mit ihrer Übersetzung meditativ brummend durch: »... hortus – Garten, hortus – Garten, hortus – Garten, hortus – Garten ...«. Um dann die deutsche Seite abzudecken und mich zu erinnern, was hortus denn wohl heißen könnte. Dann spickte ich noch einmal (»Ahhh, Garten ...«), um dann gebetsmühlenartig mein Gehirn weiter zu quälen. Die aber beiläufig im Radio gehörte Information, dass die erste Silikonbrust-OP an einer Hündin namens Esmeralda durchgeführt wurde[2], verankerte sich unauslöschlich in meinem Langzeitgedächtnis. Und so kam es auch, dass ich im Lateinvokabeltest saß und mir die Frage stellte, wie wohl die anderen Hunde Esmeraldas neue Silikonbrüste fanden, mir aber die scheinbar gelernten Lateinvokabeln einfach nicht einfallen wollten ...

Später (leider erst nach meiner Schulzeit), als ich mit dem Thema der Lerntechniken in Kontakt kam[3], merkte ich, dass sie auf dem einfachen Prinzip basieren, den Lernstoff

---

2   Neon: Die erste Silikon-Brust-OP wurde an einer Hündin namens Esmeralda durchgeführt, http://www. neon.de/artikel/kaufen/produkte/die-erste-silikon-brust-op-wurde-an-einer-huendin/1474873, zuletzt abgerufen am 18.08.2019

3   In diesem Zusammenhang kann ich dir wärmstens Literatur meines Kollegen Oliver Geisselhart empfehlen: Geisselhart, Oliver, Kopf oder Zettel? Ihr Gedächtnis kann wesentlich mehr als Sie denken, GABAL 2005, oder: Geisselhart, Oliver/Lange, Helmut, Kaputt ist der Kopf. Mit Wortbildern hundert und mehr Lateinvokabeln pro Stunde lernen, mvg Verlag 2014.

so attraktiv zu gestalten, dass er ohne große Anstrengungen den kleinen Türsteher passieren konnte. Damit wurde Lernen für mich plötzlich sehr einfach.

Das Stresstier® Gazelle, das dem Stammhirn zugeordnet werden kann, arbeitet hauptsächlich mit dem Botenstoff Oxytocin. Oxytocin ist auch bekannt als Kuschelhormon. Doch dazu mehr in Kapitel 4.1 über die Gazelle.

2.2   Das Zwischenhirn

Wenn du nun deinen linken Daumen in die linke Hand einschließt, so als ob du jemandem die Daumen drücken wolltest, hast du ein ungefähres Modell davon, wie sich der entwicklungsgeschichtlich nächstjüngere Teil (ca. 200 Millionen Jahre), das Zwischenhirn, entwickelt hat. Er umschließt das Stammhirn und stellt den verarbeitenden Teil im Gehirn dar. »Besteht bei dem, was ich wahrnehme, eine Notwendigkeit, anzugreifen?«, ist die Frage, die sich dieser Teil stellvertretend für uns stellt. Er dient dazu, uns in Bewegung zu setzen.

Das Hormon, mit dem dieser Gehirnteil hauptsächlich arbeitet, ist das Adrenalin, was landläufig wohl als *das* Stresshormon bekannt ist.

Auch hier möchte ich eine Erfahrung aus meiner Schulzeit mit dir teilen. Wenn ich mitgeteilt bekam, dass in zwei Wochen eine Klassenarbeit geschrieben wurde, so sprach dies mein Gehirn noch nicht merkbar an. Wenn die Klassenarbeit dann aber nur noch zwei Tage entfernt war, dann merkte ich, dass mein Zwischenhirn aktiv arbeitete und mich in eine gewisse Grundmotivation versetzte, durch die es mir möglich war, Tag- und Nachtschichten beim Lernen einzulegen.

Diese Vorgehensweise zeigt sich bei vielen Menschen. Am leistungsfähigsten sind sie, wenn der Abgabetermin kurz bevorsteht. Die Strategie, die dahintersteckt, nennt sich Vermeidung von Schmerzen durch Angriff. Mehr dazu findest du auch in Kapitel 8.2 »Die Motive hinter unserem Verhalten«.

Zwar habe ich im Laufe der Zeit immer besser gelernt, auch die Strategie »Erreichen von großen Zielen zu nutzen«, aber wenn ich ehrlich bin, setze ich mir auch heute noch knackige Deadlines[4], um künstlich einen gewissen Druck aufzubauen und dadurch mein Zwischenhirn dazu zu bringen, mir einen zusätzlichen Energieschub zu schenken.

Live kannst du die Funktion deines Zwischenhirns beobachten, wenn du einmal durch einen stockdunklen Wald gehst und plötzlich in einigen Metern Entfernung ein nicht

---

4   Abgabe- oder Zieltermine.

definierbares Geräusch zu vernehmen ist. Sofort bist du hellwach, voll fokussiert und bereit, anzugreifen. Auch innerhalb deines Körpers verändert sich sofort einiges. Dein Körper wird auf die Angriffssituation vorbereitet und alles, was du beim Kampf nicht brauchst, wird herunterreguliert. Das bedeutet, dass dein Herzschlag sofort ansteigt, um deinen Körper mit einer Extraportion Energie zu versorgen, die Muskulatur rund um den Hals-Nackenbereich wird verhärtet, um den empfindlichen Hals bei einem eventuellen Kampf zu schützen, und Organe, die gerade nicht benötigt werden (z. B. der Magen-Darm-Trakt), werden in einen Standby-Modus versetzt und weniger durchblutet.

Letzteres ist überwiegend auch der Grund, warum wir, wenn wir richtig in Action sind, kaum ein Hunger- oder Durstgefühl verspüren. Sämtliche Muskeln hingegen, die für den Kampf benötigt werden könnten, sind gespannt wie Drahtseile, um schnell reagieren zu können. (Was das gesundheitlich bedeutet, findest du in Kapitel 4.2.5 »Löwe und Gesundheit«).

2.3   Das Großhirn

Wenn du nun deine rechte Hand dazu nimmst und sie über die andere Hand legst, ist dein kleines Gehirnmodell komplett. Die rechte Hand steht als Symbol für dein Großhirn. Dies ist entwicklungsgeschichtlich der jüngste Teil unseres Gehirns (ca. 100.000 Jahre). Es dient dazu, komplexe Informationen zu verarbeiten, mit Erfahrungen abzugleichen und in die Zukunft zu denken, um zu antizipieren, welche Auswirkungen ein bestimmtes Verhalten haben könnte. Hier sitzt also unsere Zentrale für das sogenannte rationale und planerische Denken und entsteht auch die Motivation für große Ziele.

Wenn du dir ein attraktives Ziel lebhaft und groß ausmalst, kann dich das auch in einen guten Motivationszustand versetzen. Da das Arbeiten mit diesem Gehirnteil perspektivisch ist, ist bei diesem Teil, im Vergleich zu den anderen, keine Eile geboten. Am besten lässt sich dieser Teil aktivieren, wenn wir Zeit für eine Entscheidung haben und die nötige Ruhe oder eine kreativ ansprechende Umgebung, die diesen Teil zusätzlich aktiviert.

Der Stress-Typ Affe, der hauptsächlich mit diesem Gehirnteil arbeitet, produziert viel des Hormons Melatonin. Melatonin ist zuständig für die Regulation des Tag- und Nacht-Rhythmus und so verwundert es auch nicht, dass die Ideen für einige der großartigsten Erfindungen genau in der Phase zwischen Wachsein und Schlafen entstanden sind. Landläufig spricht man hier auch von den sogenannten Tagträumereien.

Diesen Zustand kennst du bestimmt auch – leider ist er im Arbeitsalltag nicht immer das Mittel erster Wahl. Stell dir vor, du sitzt in einem Meeting und nach und nach nimmst du die Situation mehr und mehr verschwommen wahr. Deine Gedanken schweifen immer mehr vom Thema ab und fließen leicht und automatisch. Dieser Zustand ist in solchen Situationen gesellschaftlich leider nicht sonderlich erwünscht. Irgendwann spricht dich dein Chef mitten in deine Tagträumereien hinein an und fragt dich etwas, was du allerdings scheinbar erst gar nicht und dann wie durch eine Nebelwand hörst. Als du gedanklich dann endlich wieder auf deinem Stuhl im Meetingraum sitzt, registrierst du, wie er bereits vor dir steht und die Augen der Kollegen auf dich gerichtet sind. Willkommen in der Echtwelt!

Unser Großhirn ist, wenn wir es lassen, in der Lage, vorhandene Informationen neu zu kombinieren und zu ergänzen. Wir können damit auf Reisen gehen und Situationen durchspielen, ohne uns in Bewegung setzen zu müssen. Kreatives und Neues entsteht in diesem Teil des Gehirns.

2.4   Unser Gehirn im Stress

Jetzt kannst du dir die Frage stellen, welchen Nutzen eine solche Dreiteilung des Gehirns mit sich bringt. Dazu müssen wir in der Evolution etwa 25.000 Jahre zurückspringen, mitten ins Jungpaläolithikum (jüngerer Abschnitt der eurasischen Altsteinzeit). Der Homo sapiens hat sich in Europa eingelebt und die Höhle ist gemütlich eingerichtet. Höhlenmalereien sind durch die eingewanderten Neulinge en vogue, Elfenbeinfiguren schmücken das steinzeitliche Wohnzimmer und der Klang von Flöten aus Gänsegeier-Knochen verschönert die Tage. Dank des neuen Klingenkonzepts bei den Feuersteinen, das die Levallois-Technik abgelöst hat, und des neu entworfenen Stichels können die modernen Männer ihre Angebeteten mit selbstgemachtem Schmuck becircen. Der Wolf etabliert sich als Vorläufer des Hundes zum »besten Freund des Menschen«. Die langen Unterhosen aus Säbelzahnkatzenfell werden langsam eingemottet, weil die angenehme Frühlingsluft eine erste Vorbotin der, in etwa 15.000 Jahren endenden, letzten Eiszeit ist.

Stell dir vor, wir sitzen mit unserer Sippe gemütlich am Lagerfeuer, verspeisen Pilzpfanne mit selbstgepflückten Kräutern, naschen ein bisschen Honig und schlürfen gemütlich einen Becher Wein. Ich gehe kurz raus, um mir die Füße zu vertreten, komme wieder herein und rufe laut: »Leute, ihr glaubt nicht, was ich da draußen gesehen habe: einen Regenwurm!« Verdutzt schaut mich die gesamte Sippe an und denkt: »Wahrscheinlich hat er ein Schlückchen Wein zu viel genippt.« In den Gehirnen aller Beteiligten löst diese Information jedenfalls nur wenige Reaktionen aus.

Stellen wir uns dieselbe Situation noch einmal vor. Ich gehe wieder raus, um mir die Füße zu vertreten, komme zurück in die Höhle und rufe: »Leute, ihr glaubt nicht, was ich da draußen gesehen habe – die andere Sippe steht mit Keulen und Speeren bewaffnet vor der Tür und will unsere gemütliche Höhle erobern!« In diesem Moment geht alles blitzschnell und dein Gehirn bietet dir, ohne dass du es dir in diesem Moment überhaupt bewusst machst, drei Möglichkeiten an:

1. Möglichkeit Eins: Du schlüpfst, ohne zu überlegen, in deine Turnschuhe aus Höhlenbärenfell, nimmst die Beine in die Hand und läufst so schnell du kannst weg. Du musst nicht der Schnellste aus der Sippe sein, sondern nur schneller als der Langsamste, dann hast du eine große Chance zu überleben.
   – Der Mechanismus, der dahintersteckt, ist Flucht.

2. Möglichkeit Zwei: Du denkst bei dir, vom Wein beflügelt: »Fremde Sippe? Angriff? Heute fühle ich mich mutig!« Du greifst zu deiner Keule, die noch von der letzten Höhlenbärenjagd in der Ecke steht, und gehst nach draußen, um der fremden Sippe Paroli zu bieten.
   – Der Mechanismus, der dahintersteckt, ist Angriff.

3. Möglichkeit Nummer Drei: Du verfällst in eine Schockstarre und kriechst in die dunkelste Höhlenecke, um dort möglichst geräuschlos und mit geschlossenen Augen zu warten, bis die Situation vorbei ist. Hierbei hast du jetzt eine 50/50-Chance: Entweder der fremde Clan entdeckt dich, schnüffelt kurz an dir, stellt fest, dass du schon leicht ranzig riechst und verschont dich. In diesem Fall hast du Glück und dein Leben ist, zumindest vorübergehend, gerettet. Oder der fremde Clan entdeckt dich, schnüffelt kurz an dir und stellt fest, dass du noch zu frisch riechst. Dann geben sie dir wahrscheinlich zur Sicherheit nochmal eins mit der Keule drüber. In diesem Fall ist es von Vorteil, wenn du an Wiedergeburt glaubst und vielleicht in der Kupfer-, Bronze- oder Eisenzeit eine zweite Chance bekommst.
   – Der Mechanismus, der dahintersteckt ist das sogenannte »Totstellen«.

Interessant ist nun, dass sich in den letzten Jahrtausenden der Kleidungsgeschmack zwar geändert hat, unser Gehirn im Großen und Ganzen aber immer noch nach denselben Mechanismen funktioniert. Das Gehirn greift im Stress immer noch auf die drei Wahlmöglichkeiten Angriff, Flucht oder Totstellen zurück. In manchen Situationen kann das sehr skurrile Formen annehmen, da die Höhlen und Riten von heute eben nicht mehr den Höhlen und Riten von vor 25.000 Jahren entsprechen. Spielen wir also das oben genannte Beispiel doch einmal in der heutigen Zeit durch.

Der Homo sapiens hat die Welt endgültig erobert und die zweckmäßigen Büros sind so gemütlich eingerichtet, wie es eben geht. Wandschmuck aus Statistiken ziert die angegilbten Wände, ein vertrockneter Kaktus schmückt die marmorne Fensterbank und der Klang von Telefonläuten und E-Mail-Hinweistönen verschönert die Tage. Dank des neuen Kommunikationskonzepts mit Facebook können die modernen Männer die gesamte Welt rund um die Uhr mit Selfies und Life-Videos vom Nichtstun beglücken. Alexa löst den Hund ab und etabliert sich als »bester Freund des Menschen«. Schlabber-Bermudas, Flip-Flops und T-Shirts setzen sich als Bürokleidung langsam durch, weil die Sommer immer wärmer werden.

Stell dir vor, du sitzt in einem Großraumbüro bequem am Schreibtisch. Die Büro-Höhle ist klimaanlagengekühlt und die Luft angenehm abgeatmet. Du isst ein Fertigsandwich aus dem Discounter, nascht ein bisschen Krümel vom Vortag aus der Tastatur und schlürfst gemütlich deinen kalten Coffee-to-go. Der Chef ist im Urlaub und du kannst dich in aller Ruhe dem Studium der Bildzeitung widmen. Die gemütliche Höhle von heute eben.

Ich gehe kurz heraus, um mir die Füße zu vertreten, komme wieder herein und rufe laut: »Leute, ihr glaubt nicht, was ich da draußen gesehen habe: Da steht ein Kunde!« Verdutzt schaut mich die gesamte Kollegen-Sippe an und denkt: »Wahrscheinlich hat er ein Döschen RedBull zu viel getrunken und ist übermotiviert. Der steht doch später auch noch da. Im günstigsten Fall wird ihm das Warten zu langweilig und er geht.« Nach einem kurzen Bedrohlichkeitscheck löst diese Information allerdings nur wenige Reaktionen in deinem Gehirn aus. Du blätterst gemütlich um, nippst noch einmal an deinem kalten Coffee-to-go und gibst die Kapazitäten im Gehirn für relevantere Dinge, wie zum Beispiel den Sportteil, frei.

Stellen wir uns dieselbe Situation noch einmal vor. Ich gehe wieder heraus, um mir die Füße zu vertreten, komme zurück in die Höhle und rufe: »Leute, ihr glaubt nicht, was ich da draußen gesehen habe: Der Chef ist einen Tag eher von der Dienstreise zurück und steht schon vor der Eingangstür.« In diesem Moment signalisiert dein Gehirn Alarmstufe rot. Jetzt geht alles blitzschnell. Du schließt instinktiv die Internetseiten, die du nicht besuchen solltest, lässt die BILD-Zeitung elegant in die Schublade gleiten und dein Gehirn bietet dir zeitgleich, ohne dass du es dir in diesem Moment überhaupt bewusst machst, wie vor tausenden von Jahren drei Möglichkeiten an.

1. Möglichkeit Eins: Du springst reflexartig aus dem Schreibtischstuhl auf, nimmst die Beine in die Hand und läufst, so schnell du ... – keine gute Idee! Was passiert, wenn der Chef dich nicht am Arbeitsplatz vorfindet?
   – Der Mechanismus Flucht scheidet somit aus.
2. Möglichkeit Zwei: Du denkst bei dir, vom kalten Kaffee beflügelt: »Chef? Nähert sich meinem gemütlichen Revier? Heute fühle ich mich mutig!« Du greifst allerdings nicht zu deiner Keule, weil – so mutig fühlst du dich auch wieder nicht.
   – Der Mechanismus Angriff scheidet somit aus.
3. Bleibt nur noch Möglichkeit Nummer Drei: Du verfällst in eine Schockstarre und kriechst in die dunkelste Schreibtischecke, um dort möglichst geräuschlos und mit geschlossenen Augen zu warten, bis die Situation vorbei ist. Hierbei hast du jetzt wieder eine 50/50-Chance: Entweder der Chef entdeckt dich, schnüffelt kurz an dir und stellt fest, dass du schon leicht ranzig riechst, geht davon aus, dass du emsig Überstunden gemacht hast, und verschont dich. In diesem Fall hast du Glück und du bleibst, zumindest vorübergehend, vor weiteren Gesprächen verschont. Oder der Chef entdeckt dich, schnüffelt kurz an dir und stellt fest, dass du verdächtig frisch riechst und gibt dir zur Sicherheit eins mit der verbalen Keule drüber. In diesem Fall ist es von Vorteil, wenn du an Wiedergeburt glaubst und vielleicht am nächsten Morgen wieder zur Arbeit erscheinen darfst.

- »Totstellen« ist also der Mechanismus, der in unserer modernen Zeit am häufigsten gewählt wird.

Der einzige Nachteil am Totstellen, früher wie heute, ist, dass die Stresshormone weiterhin in deinem Körper kreisen. Vor tausenden von Jahren stellte dies kein großes Problem dar, weil irgendwann der nächste Hunger kam und somit eine Jagd unerlässlich war. Heute jedoch liegt die Beute fertig verpackt beim Discounter um die Ecke oder beim Metzger im Tresen. Die nächste Situation zum Totstellen allerdings lauert wahrscheinlich schon um die nächste Ecke.

Somit sammeln sich die Stresshormone, die darauf ausgelegt sind, durch irgendeine Art körperlicher Aktivität abgebaut zu werden, in deinem Körper an. Und es besteht die irrsinnige Ansicht, dass sich der Abbau verschieben ließe auf »den Feierabend«. Doch schon das Wort besagt, dass die meisten dort nicht körperlich aktiv werden, sondern sich eher dem Feiern widmen. Gemütlich auf dem Sofa, unterhalten durch das Fernsehen. Um die Stresshormone in den Griff zu bekommen, »gönnen« viele sich dann noch ein schönes »Feierabendbier«.

In meinen Coachings habe ich Menschen, die oft unter Stress standen, gefragt, was ihre abendlichen Abschaltrituale seien. Und nicht selten bekam ich zu hören: »So ein bis anderthalb Fläschchen Wein.« Wohlgemerkt an einem Abend. Es ist wichtig zu wissen, dass der Stress dadurch nicht abgebaut wird, sondern sich das Problem lediglich auf den nächsten Morgen verlagert. Der Kopf ist zwar für den Moment angenehm betäubt, die Hormone schwirren allerdings unbeirrt weiter durch den Körper. Andere wiederum lassen sich vom Fernseher berieseln, was einen ähnlichen Zustand erzeugt und das Gehirn in einen vorübergehenden Standby-Modus versetzt.[5]

Zu dumm nur, dass es am nächsten Morgen in der Stressspirale weitergeht. Zum Glück hat unser Körper eine Menge an Schutzmechanismen eingebaut. Zuerst wird er die Hormone in der Muskulatur ablagern, was auf Dauer zu unangenehmen Verspannungen führen kann. Dann wird er die Antennen für Stress weniger fein justieren, was zu einer gewissen Anteilslosigkeit führt. Als Nächstes werden die Reaktionswege im Gehirn verändert, sodass eine Dauerapathie eintritt. Und notfalls schaltet der Körper dann auf komplettes Standby, auch bekannt als Burn-out.

Umso wichtiger also, das eigene Stresstier® zu kennen, daraus zu lernen und zu überlegen, welche Möglichkeiten es sonst noch zum proaktiven Umgang mit dem Stress gibt. Dies gilt insbesondere für die Kommunikation.

---

5   Siehe hierzu auch: Spitzer, Manfred, Vorsicht Bildschirm! Elektronische Medien, Gehirnentwicklung, Gesundheit und Gesellschaft, dtv 2006.

3 Welche Rolle spielt das Stresstier® in unserem Leben?

Auf den ersten Blick scheint Kommunikation ein objektiver Prozess zu sein. Wir tauschen uns auf der Wortebene aus, und in entspannten Situationen, d. h., wenn wir ähnlicher Meinung sind oder ähnliche Ansätze vertreten, scheint das Mittel der Kommunikation reibungslos zu funktionieren. Das liegt zum einen daran, dass wir in einem entspannten Zustand in der Regel recht flexibel sind und zudem nicht in die Tiefen der Kommunikation eintauchen. Kommunikation ist in diesen Fällen eher eine Art »soziales Grunzen« und es ist nicht erforderlich, sich wirklich aktiv damit auseinanderzusetzen, da es, subjektiv empfunden, zu funktionieren scheint. Immer dann, wenn es scheinbar keine Reibungspunkte gibt, empfinden wir auch wenig Veranlassung dazu, uns aktiv mit diesen Prozessen auseinanderzusetzen.

Ein typisches Kneipengespräch kann sich deshalb zum Beispiel in Meerhof, einem kleinen Dorf am östlichen Rand Westfalens, wo ich herkomme, folgendermaßen abspielen:
- »'n Abend.«[6]
    - »'n Abend.«
- »Und?«
    - »Ja, muss ja. Und selbst?«
- »Kann nicht klagen.«
    - »Weißt Bescheid.«

Zugegebenermaßen tendiert der inhaltliche Aspekt dieser Konversation gegen Null, allerdings reicht es aus, um sich gegenseitig zu signalisieren, dass man sich wohlgesonnen ist.

Herausfordernder wird es allerdings, wenn Kommunikation über das eigentliche soziale Grunzen hinausgeht, es zu Missverständnissen, Unverständnis oder Konflikten kommt. An dieser Stelle solltest du genauer hinschauen und dir vor allen Dingen bewusst machen, was da eigentlich hinter den Kulissen passiert.

Ein gutes Modell, um dies zu erklären, ist nach wie vor das Eisberg-Modell. Basierend auf dem Pareto-Prinzip wurde es von Sigmund Freud entwickelt und hat primär durch den Wissenschaftler und Kommunikationsforscher Paul Watzlawick Einzug in die Kommunikationslehre gefunden. Bevor wir uns aber das Eisberg-Modell genauer

---

6 »Umgangssprachlich: verschliffene Begrüßungsfloskel von ›guten Abend‹«, https://de.wiktionary.org/wiki/%E2%80%99n_Abend, letzter Zugriff 20.11.2019.

anschauen, sei an dieser Stelle gesagt, dass es sich lediglich um ein Modell handelt. Ein Modell bietet eine hervorragende Idee, wie etwas funktioniert, ist allerdings nur ein schemenhaftes Abbild der Realität.

Am besten vergleichen kannst du es mit einem Stadtplan. Dieser bietet dir einen guten Überblick über eine Stadt. Du kannst auf einen Blick entnehmen, wie die Straßen heißen, wo sich markante Wegpunkte befinden, und daraus ableiten, wie du von A nach B kommst. Ein Stadtplan kann aber nie die Komplexität einer Stadt abbilden. Wenn du zum Beispiel einen Stadtplan von Münster hast und dir einen Überblick verschafft hast, wie du vom Prinzipalmarkt zum Aasee kommst, dann gibt der Stadtplan dir eine gute Orientierung. Aber erst wenn du beginnst, dich in Münster fortzubewegen, bekommst du ein Gefühl und einen eigenen Eindruck von dieser Stadt. Du merkst plötzlich, dass es sehr sinnvoll sein kann, die Augen aufzuhalten, weil viele Leezen[7] deinen Weg kreuzen (mittlerweile sollen es doppelt so viele sein wie Einwohner). Du bekommst ein Gefühl dafür, dass Straßenschuhe auf dem Kopfsteinpflaster des Prinzipalmarkts definitiv besser geeignet sind als hohe Schuhe. Du hörst die Glocken der Lamberti-Kirche und das Stimmengewirr der Menschen, die vorm Restaurant Stuhlmacher sitzen. Vielleicht gibt es eine Baustelle, aufgrund derer du die Straßenseite wechseln musst, und du stehst an Ampeln, die in deinem Stadtplan nicht eingezeichnet waren. Am Aasee riechst du eine Mischung aus Sonnencreme und Grillduft, siehst Leute jonglieren und erblickst vielleicht in einiger Entfernung das Riesenrad des Sends[8].

Diesen Eindrücken kannst du nur spontan begegnen und sie sind in keinem Stadtplan verzeichnet. Der Stadtplan von Münster stellt also nur einen groben Überblick dar und entbehrt zahlreiche Informationen, die sich erst in der Realität wiederfinden und eine Stadt lebendig werden lassen.

Ähnlich ist es auch bei einem Kommunikationsmodell. Du bekommst hier eine erste Vorstellung davon, was passiert, und einen groben Überblick über die Zusammenhänge. Es kann allerdings nicht alle Facetten der Kommunikation erfassen und bekommt erst durch das eigene Erleben einen Sinnkontext. Zudem musst du dir deutlich vor Augen führen, wie Kommunikationsforscher ticken. Sie versuchen die Flexibilität und Tiefe einer Kommunikation in ein statisches Modell zu überführen und machen sich rückwirkend Gedanken darüber, was sich ereignet hat. Während du also im Smalltalk mit deinen Freunden plauderst, steht der Kommunikationsforscher mit seiner Kladde daneben und versucht schematisch darzustellen, was da gerade passiert. Dann zieht er sich fasziniert an seinen Schreibtisch zurück und entwirft anhand eurer Unterhaltung ein Modell, das beschreiben soll, wie die Kommunikation von ihrer Struktur her verlaufen

---

7   Masematte (spezielle Münsteraner Mundart) für Fahrrad.
8   Münsteraner Kirmes.

ist. Dieses Modell hilft zwar dabei, zu verstehen, wie die Zusammenhänge in der Kommunikation sind. Was weniger gut funktionieren wird, ist, dass der Kommunikationsforscher sich, an seinem Modell entlanghangelnd, an eurer Kommunikation beteiligt. Dazu ist das Modell schlichtweg zu statisch.

Was sagt nun dieses Eisberg-Modell für unsere Kommunikation aus?
Das Eisberg-Modell hat seinen Namen aus dem Vergleich mit dem Aufbau eines Eisbergs. Wenn du schon einmal einen Eisberg gesehen hast, dann weißt du, dass die Besonderheit darin liegt, dass nur etwa zwanzig Prozent des Eisbergs über Wasser liegen und die restlichen achtzig Prozent nicht sichtbar unter der Wasseroberfläche zu finden sind.

Spätestens seit dem Film Titanic, der Ende der 90er Jahre die Kinosäle füllte, ist dieses Phänomen den meisten Kinobesuchern bekannt. Vielleicht erinnerst du dich, wie Rose und Jack, begleitet von zauberhaft romantischer Musik, gerade noch am Bug des Schiffes stehen und Flugübungen machen, als die Titanic schon kurz darauf einen Eisberg rammt, der das Schiff aufschlitzt. Beim Untergang der Titanic kann sich die Rose retten, während Jack ertrinkt.[9] Australische Schülerinnen haben übrigens bei einem Mathe-Nachwuchswettbewerb errechnet, dass die Holztür mit der richtigen Technik auch für beide zum Überleben ausgereicht hätte und der arme Leonardo völlig umsonst gestorben ist.[10] Doch zurück zu unserem Eisberg-Modell aus der Kommunikationstheorie. Wie bei seinem realen Vorbild befinden sich bei unserem Kommunikations-Eisberg etwa zwanzig Prozent der Kommunikation über Wasser und stellen somit den sichtbaren oder offensichtlichen Teil der Kommunikation dar. Diese zwanzig Prozent lassen sich zusammenfassen mit dem Kürzel ZDF – Zahlen, Daten, Fakten. Achtzig Prozent der Kommunikation spielen sich jedoch dementsprechend außerhalb der offensichtlichen Kommunikation ab. Wir können hier auch von der ARD-Ebene sprechen: Alle Restlichen Dinge eben.

Doch was sind das für Faktoren, die bei der Kommunikation außerhalb des Offensichtlichen eine Rolle spielen? Nun, das können zum Beispiel Faktoren sein wie die Tagesform. Wenn du schlecht drauf bist, kommunizierst du wahrscheinlich anders, als wenn du dich gut fühlst. Die Vorerfahrungen können ebenfalls eine Rolle spielen. Wenn du mehrfach feststellen musstest, dass deine Meinung in einer bestimmten Situation immer kritisiert wird, wirst du anders kommunizieren als zum Beispiel in einem wohlwollenden Umfeld.

---

9   Am Rande bemerkt fand ich das Ende dieses Films grauenhaft, insbesondere als der junge Leonardo DiCaprio in den eiskalten Fluten des Atlantischen Ozeans versinkt und Kate gefühlt stundenlang an ihrer Holztür über das Wasser treibt und in ihr Trillerpfeifchen pustet. Irgendwann konnte ich das Pfeifen einfach nicht mehr hören und erwischte mich bei Gedanken wie: »Geh endlich unter« ...

10   https://www.mav.vic.edu.au/files/2017/MAV17-Conference/National_Award_Winner.pdf, zuletzt abgerufen 18.08.2019.

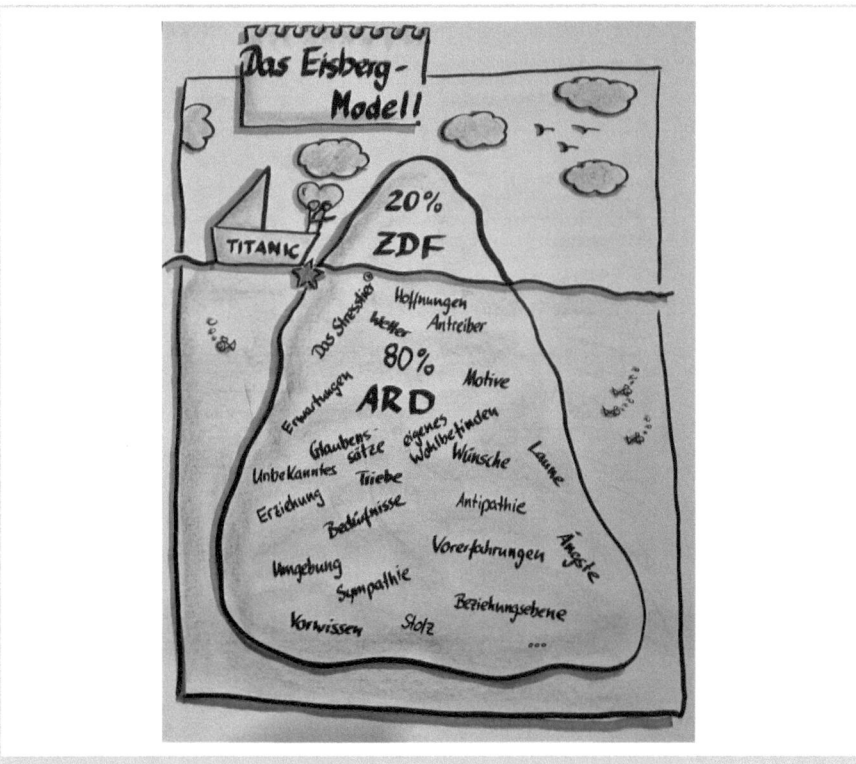

Abb. 1: Das Eisbergmodell

Auch deine eigenen Vorlieben und Motive finden sich in den achtzig Prozent wieder. Von Dingen, die dich begeistern, die du magst, die dir vertraut sind, wirst du wahrscheinlich anders berichten als von Dingen, die du nicht magst oder die dir unbekannt sind. Sympathien und Antipathien, also ob ich eine Person mag oder nicht, haben Einfluss auf das Kommunikationsergebnis. Und natürlich auch Entspannung oder Anspannung und hier im Speziellen: das eigene Stresstier®.

Die achtzig Prozent, die die versteckten Informationen im Kommunikationsprozess enthalten, sind teils sehr vielschichtig und nur schwer zu entschlüsseln. Wenn du aber verstehst, wie das Verhalten der einzelnen Stresstiere ist, dann kannst du besser beobachten, warum es in der Kommunikation zu bestimmten Verhaltensweisen kommt.

Dies hilft dir möglicherweise auch dabei, klarer differenzieren zu können, ob ein Kommunikationsverhalten wirklich etwas mit dem Inhalt oder eher mit der Situation an und für sich zu tun hat.

Je besser du verstehst, was sich in den achtzig Prozent abspielt, und je mehr du einen Blick für die Dinge bekommst, die sich im unteren Teil des Eisbergs abspielen, desto mehr hilft es dir dabei, Kommunikation zu begreifen. Wichtig dabei ist, dass Kommunikation nicht erst dann beginnt, wenn wir uns mit anderen Menschen austauschen, sondern dass der Großteil der Kommunikation mit uns selbst stattfindet.

Das beginnt bereits, wenn du morgens vor dem Kleiderschrank stehst und dich innerlich mit dir selbst darüber unterhältst, was du wohl anziehen sollst. »Zieh ich das lange Hemd an oder das kurze? Was hat denn der Wetterbericht gesagt? Warm soll es, glaube ich, werden. Aber ist es angebracht ein kurzes Hemd anzuziehen, wenn alle anderen wahrscheinlich im Anzug kommen?« Solche und ähnliche Gedanken geistern uns den ganzen Tag im Kopf herum und stellen den inneren Dialog dar. Bei diesem Gedanken stelle ich mir oft die Frage: Was gibt es da zu bereden? Mein Kopf müsste doch eigentlich schon längst wissen, wie die Entscheidung aussieht. Warum bespricht er das erst mit sich selbst? Das Interessante ist, dass die achtzig Prozent des Kommunikations-Eisbergs auch hier eine Rolle spielen. Wenn du sauer auf dich selber bist oder einen schlechten Tag hast, kann das Ergebnis der inneren Diskussion anders ausfallen als an einem guten Tag.

Das Stresstier® spielt dabei wieder eine wesentliche Rolle. Je nach Stresstier® wird in dir ein automatisches Kommunikationsprogramm abgerufen, das dein Denken in bestimmte Bahnen lenkt und Gedanken hervorruft, die deinem eigenen Stresstier® entsprechen. Je mehr du unter Stress stehst, desto unflexibler wirst du in deinen Kommunikationsstrukturen sein und eher im Autopilot laufen. Wenn du aber um dein eigenes Stresstier® weißt und verstehst, was es mit deinem Verhalten und deiner Kommunikation, auch zu dir selbst, zu tun hat, dann fällt dir in Zukunft wahrscheinlich eher auf, dass du dich in solch einem automatischen Programm befindest.

An dieser Stelle hast du dann die Möglichkeit, durch das Erkennen deine Verhaltensweisen und Denkstrukturen bewusster mitzubestimmen, wenn du das möchtest. Dadurch werden dir mehr Handlungsmöglichkeiten und mehr Flexibilität im eigenen Denken und Tun gegeben. Diese Selbstreflexion ist übrigens eine der faszinierendsten Eigenschaften, die wir besitzen: durch das Nachdenken über das eigene Denken zu neuen Ergebnissen zu kommen. Aber das nur am Rande.

Wenn du nun auf die Kommunikationsprozesse außerhalb deines eigenen Kopfes schaust – das heißt immer dann, wenn du mit anderen Menschen kommunizierst –, so können dir diese Erkenntnisse über das eigene Stresstier® auch hier Hilfestellungen bieten, um zu verstehen, was gerade passiert. Denn schließlich hast du es in diesen Situationen nicht nur mit deinem eigenen Eisberg zu tun, sondern es gesellen sich weitere Eisberge – und Stresstiere – der Kommunikationspartner dazu, die auch jeweils ihre 80 Prozent einfordern. Spätestens jetzt hast du eine Idee davon, wie viel unserer Kommunikation sich »unterhalb der Wasseroberfläche« abspielt und warum Kommunikationsprozesse manchmal durchaus herausfordernd sein können und nicht so glatt verlaufen, wie wir es gerne hätten.

Umso wichtiger ist es, zu verstehen, was da eigentlich gerade passiert, und einordnen zu können, warum die unterschiedlichen Akteure auf ihre ganz eigene Art und Weise reagieren. Emotionalität ist dabei ein extrem wichtiger Bestandteil der Kommunikation, weil er uns viel Aufschluss über die Beweggründe unseres Gegenübers gibt. Der beliebte Satz: »Jetzt lassen Sie uns mal wieder sachlich werden«, der in den meisten Fällen auch von wenig Erfolg gekrönt sein wird, ist daher gar nicht angeraten. Im Gegenteil: Die meisten Äußerungen, auch wenn sie scheinbar uns als Ziel haben, enthalten einen sehr großen Selbstoffenbarungsteil, der dir in der Kommunikation weiterhilft.

Das schöne Sprichwort: »Was Peter über Paul sagt, sagt mehr über Peter als über Paul«[11], solltest du daher für künftige Kommunikationssituationen im Hinterkopf behalten. Auf der einen Seite kann es dich in einer Kommunikation immens entlasten, wenn du feststellst, dass nicht du der Auslöser für bestimmte Verhaltensweisen deines Gegenübers bist, sondern die Reaktionen auf deine Verhaltensweisen immer *in* deinem Gegenüber entstehen und du dies nur bedingt beeinflussen kannst. Zum anderen ist es unglaublich spannend, die Kommunikation anderer Menschen zu beobachten und dadurch Rückschlüsse auf deren innere Denkstrukturen zu ziehen.

Diese Erkenntnisse wiederum kannst du dazu nutzen, um gezielter in die Kommunikation mit deinem Gegenüber zu treten und Angebote zu machen, die passgenau in das Denken deines Mitkommunikators passen. Dieses kann die Kommunikation und das gegenseitige Verständnis erleichtern und eine reibungslose Kommunikation fördern. Viele Kommunikationshemmnisse, die aus einem Unverständnis füreinander rühren, können damit aus dem Weg geräumt werden.

!   **Tipp**

An dieser Stelle gilt der Grundsatz: Der Flexiblere führt. Je aktiver und flexibler du deine eigene Kommunikation gestalten kannst, desto mehr Möglichkeiten eröffnen sich für dich. Menschen, die im Bereich der Kommunikation nur eindimensional und dementsprechend unflexibel unterwegs sind, haben wenig Alternativen zur Verfügung und geraten dadurch öfter in Sackgassensituationen, was die Kommunikation angeht.

Daher lohnt es sich, das Eisberg-Modell für die Kommunikation im Hinterkopf zu behalten und die Bedeutung der Stresstiere als wesentlichen Bestandteil der Achtzig-Prozent-Ebene zu verstehen. Es erleichtert dir ebenfalls das Nachvollziehen von Entscheidungen, sowohl deinen eigenen als auch die des Kommunikationspartners.

---

11   Benedictus d'Espinoza, holländischer Philosoph (1632-1677).

3.1 Entscheidungen sind subjektiv

Wie subjektiv unsere Entscheidungen sind, kannst du für dich selbst mit einer kleinen Übung überprüfen. Sie lehnt sich am sogenannten Trolley-Problem oder Weichensteller-Experiment an.

> »Das Trolley-Problem ist ein moralisches Gedankenexperiment, das in neuerer Zeit von Philippa Foot (…) beschrieben wurde. Der Name leitet sich vom englischen Ausdruck für Straßenbahn ab. Die Entwicklung dieses Gedankenexperiments wird fälschlicherweise oftmals Hans Welzel zugeschrieben, das seitdem im deutschen Sprachraum als Weichenstellerfall bekannt ist. (…) Erste Überlegungen hierzu finden sich allerdings bereits in der Habilitation von Karl Engisch im Jahr 1930. (…)«[12]

Stell dir bitte folgende Grundsituation vor: Du stehst an einer Weiche, die du so stellen kannst, dass ein herannahender Zug entweder auf dem linken Schienenstrang oder auf dem rechten Schienenstrang fahren kann. Es nähert sich ein Zug mit insgesamt 297 Insassen. Leider ist der Funkkontakt zu dem Zug abgebrochen, sodass keine Kommunikation mit dem Lokführer aufgenommen werden kann. Der Zug kann also nicht vor der Weiche abbremsen, sondern wird den Weg fahren, den du durch deine Weichenstellung aktiv vorgibst. Die einzige Bedingung für dich ist, dass du dich in jedem Fall für eine Richtung entscheiden musst, in die der Zug fahren soll.

O.K.? – Dann lass uns zur ersten Situation kommen. Du weißt, dass der Zug, wenn du ihn auf den rechten Schienenstrang lenkst, an einem beschaulichen See vorbeifahren wird. Wenn du ihn auf den linken Schienenstrang lenkst, wird er über eine Brücke mit einer herrlichen Aussicht auf ein Bergpanorama und saftige Wiesen fahren. Wie entscheidest du dich? Stell bitte jetzt gedanklich die Weiche und gib dem Zug die Richtung vor.

Ist dir die Entscheidung schwergefallen? Warum genau hast du dich für die Richtung entschieden? Wahrscheinlich spielen schon bei dieser ersten Entscheidung eigene Beweggründe eine Rolle. Möglicherweise die Überlegung, welches dir der angenehmere Weg gewesen wäre. Erfahrungsgemäß fällt die Entscheidung in diesem Fall etwa fifty-fifty aus.

Stell dir nun bitte vor, dass du weißt, dass die Brücke, die eben noch den Zug durch das beschauliche Bergpanorama geführt hat, eingestürzt ist. Das bedeutet: Wenn du dich für den linken Schienenstrang entscheidest, wird der Zug in den Abgrund stürzen und alle Passagiere werden sterben. Fährt der Zug rechts entlang, dann kommt er vor-

---

12 https://de.m.wikipedia.org/wiki/Trolley-Problem, zuletzt abgerufen am 20.11.2019.

bei am besagten beschaulichen See. Wie fällt deine Entscheidung jetzt aus? Stell bitte gedanklich die Weiche und gib dem Zug die Richtung vor.

Erfahrungen aus meinen Seminaren zeigen, dass sich in diesem Beispiel einheitlich alle Teilnehmer des Experiments dafür entscheiden, den Zug auf den rechten Schienenstrang zu lenken.

Kommen wir nun zu Runde drei und tauchen ein bisschen tiefer ein in das Eisberg-Modell. Dir sind folgende Informationen bekannt: Die Brücke auf dem linken Schienenstrang ist eingestürzt und der Zug wird auf dieser Strecke in den Abgrund fahren, sodass alle Passagiere sterben. Auf dem rechten Schienenstrang liegt ein Mensch, der seinem Leben ein Ende setzen möchte. Du hast keine Möglichkeit, ihn von den Schienen zu bekommen, da dir dafür nicht genug Zeit bleibt. Wie wirst du die Weiche stellen? Entscheide dich bitte jetzt.

In meinen Seminaren kommt es an dieser Stelle zum ersten Unwohlsein unter den Teilnehmern und es gibt durchaus einige Teilnehmer, die den Zug in den Abgrund schicken, weil sie das Gefühl haben, dass sie dem einzelnen Menschen gedanklich näherstehen als den 297 Zugpassagieren. Andere argumentieren, dass der Mensch auf den Schienen seinem Leben sowieso ein Ende setzen wollte und außerdem die Überlegung, 297 Menschen gegenüber einem Menschen zu retten, zu ihrer Entscheidung beigetragen hat.

Machen wir es noch etwas herausfordernder: Die Brücke auf dem linken Schienenstrang ist nach wie vor nicht mehr existent, mit den daraus resultierenden Konsequenzen für unseren Zug. Du erfährst nun, dass auf dem rechten Schienenstrang leider wiederum ein Mensch liegt, dem es nicht rechtzeitig möglich sein wird, die Schienen zu verlassen. In diesem Fall ist der Mensch allerdings dein eigenes Kind oder, falls du keine Kinder hast, ein Mensch, den du sehr liebst. Stelle bitte nun gedanklich die Weiche und lasse den Zug einen der Schienenstränge entlangfahren.

An dieser Stelle wird für die meisten Menschen die Entscheidung schon wesentlich schwieriger. Selbst Teilnehmer, die im letzten Beispiel noch vehement vorgerechnet haben, dass das Verhältnis von 297 Personen zu einer Person eine klare Entscheidung hervorrufen würde, entscheiden sich an dieser Stelle oftmals (nicht immer) um und lassen den Zug in den Abgrund fahren.

Lass uns eine letzte Runde dieses Gedankenexperiments spielen, dann erlöse ich dich vom zunehmend schwerer werdenden Job des Weichenstellers. Die Grundsituation ist diesmal folgende: Die Brücke auf dem linken Schienenstrang ist nach wie vor eingestürzt und der Zug würde hier in den Abgrund stürzen. Der rechte Schienenstrang ist diesmal frei und der Zug würde hier an dem idyllischen See vorbeifahren. Allerdings hast du jetzt die Zusatzinfo, dass sich in dem Zug 297 Kinderschänder befinden. Stelle bitte jetzt gedanklich die Weichen und lass den Zug einen Schienenstrang nehmen.

Spätestens an dieser Stelle gehen die Meinungen oft weit auseinander und es entstehen lebhafte Diskussionen. Jeder hat fundierte Gründe dafür, warum er sich wie entschieden hat, und es beginnen erste Diskussionen, die mit Vorwürfen und Unverständnis gegenüber denjenigen behaftet sind, die sich anders entschieden haben.

Du siehst an diesem Gedankenexperiment möglicherweise, dass es, je nach Zusatzinformationen, zunehmend schwerer wird, eine Entscheidung zu treffen. Was auch festgestellt werden kann, ist, dass die Entscheidungen, objektiv betrachtet, zunehmend irrationaler werden und eigene Emotionen, Wertvorstellungen und Bedürfnisse in den Vordergrund treten. Du kannst hier deutlich sehen, dass Kommunikation, auch die innere Kommunikation mit uns selbst, die durch dieses kleine Beispiel lebhaft geweckt wird, weit mehr als Zahlen, Daten und Fakten beinhaltet. Das Weichensteller-Experiment führt dir lebhaft vor Augen, wie komplex Entscheidungsprozesse und dementsprechend auch die daraus resultierende Kommunikation sind.

Willkommen am Eisberg, willkommen beim Stresstier®!

Danke, dass du dich auf diese kleine Gedankenspielerei eingelassen hast. Probiere das Experiment auch gerne mal mit Freunden und Bekannten aus, du wirst über die Ergebnisse überrascht sein. Verlass nun gerne gedanklich das Experiment und tauche mit guten Gefühlen in die weiteren Facetten des Stresstieres ein.

3.2   Das Stresstier® in der Begegnung mit anderen Stresstieren

Nicht alles ist an diesem Tag so gelaufen, wie du es dir idealtypischer Weise vorgestellt hattest. Die Teilnehmer des Außentermins waren ungewöhnlich unruhig, etliche Mails flogen in dein Postfach, natürlich alle eilig und wichtig. In den eng gesäten Pausen mussten organisatorische Dinge geklärt werden, weil der Service im Seminarhotel schlecht abgestimmt war. Zudem mussten noch einige Telefonate geführt werden, quasi nebenbei, und natürlich versagte, wie es dann so sein soll, auch noch der Beamer, sodass auch hier Improvisationstalent gefragt war. Ironisch gesprochen: ein rundum gelungener Tag. Auf dem Weg zurück zum Büro quälst du dich eine Stunde durch den Stau, genießt noch einige originelle Fahransätze anderer Verkehrsteilnehmer und kommst endlich auf der Arbeit an.

Es ist später geworden als geplant und der Arbeitsalltag neigt sich dem Ende zu. Du begrüßt deinen Kollegen quasi im Vorbeigehen und auf seine Frage: »Na, wie geht's dir?«, ringst du dir lediglich ein knappes: »Mmhmmh, o. k.«, ab, drehst dich um und schlägst den Weg zu deinem Schreibtisch ein, um in Ruhe noch die E-Mails zu checken. Dein Kollege merkt sofort, dass irgendetwas nicht stimmt, und folgt dir auf dem Fuß. »Komm lass uns reden, irgendwas hast du doch.« »Nicht jetzt«, denkst du bei dir, sagst es aber nicht, sondern antwortest nur mit einem knappen: »Alles gut, war nur ein bisschen anstrengend heute.« Dein Kollege fühlt sich in diesem Moment jedoch vollkommen auf den Plan gerufen und setzt nach: »Komm, ich hol uns einen Kaffee, wir setzen uns hin und du erzählst, was los ist.« Du jedoch suchst nach einer Ausweichmöglichkeit und fühlst dich zunehmend in die Ecke gedrängt. Doch je mehr du ausweichst, desto mehr fühlt sich dein Kollege berufen, mit dir zu reden.

Es entsteht eine Situation, der du in diesem Moment am liebsten ausweichen würdest, in der du aber gezwungen bist, in Kommunikation zu treten. Dies führt dazu, dass du noch mehr in Stress gerätst, als du es sowieso schon bist. Da der Tonfall etwas rauer wird, passiert auf der Gegenseite dasselbe und die Strukturen vertiefen sich, die Handlungsmöglichkeiten werden eindimensionaler.

Kommt dir diese Situation bekannt vor? Was ist hier passiert?

Nun, wir haben es hier mit einem wunderbaren Beispiel zu tun, was passiert, wenn unterschiedliche Stresstiere aufeinandertreffen. Unabhängig von der Zuordnung zu den unterschiedlichen Geschlechtern verarbeiten wir Stress äußerst unterschiedlich. Der eine benötigt Austausch und Kommunikation, um den Stress zu verarbeiten. Der andere hat einen Drang, sich in stressigen Situationen zurückzuziehen. Und der dritte muss sich auspowern, um seinen individuellen Stress zu verarbeiten.

Das Interessante ist nun, dass wir uns unsere Kolleginnen und Kollegen in der Regel nicht danach aussuchen können, welches Stresstier® er oder sie ist. Im Zweifel lernen wir das Stresstier® in den ersten Wochen und Monaten der neuen Begegnung überhaupt nicht kennen, weil es in dieser Phase viele Eindrücke gibt, die unsere Begegnung begleiten. Unser Körper ist bei neuen Begegnungen in der Regel geflutet mit Hormonen, die uns sanft stimmen und die Welt durch eine rosarote Brille erscheinen lassen. Alles fühlt sich leicht und entspannt an und wir stehen dieser neuen Situation positiv gestimmt gegenüber.

Doch irgendwann reguliert unser Körper das Bindungshormon auf ein Normalmaß und die Realität hat uns wieder. Jetzt lernen viele Menschen den Kollegen oder die Kollegin zum ersten Mal mit seinem Lieblingshaustier, seinem individuellen Stresstier®, kennen. Die Krux an der Sache ist, dass wir dazu neigen, unser eigenes Verhalten als das Normalmaß anzusetzen. Das bedeutet, dass wir in guter Absicht das Verhalten, welches wir uns selber in einer Stresssituation wünschen würden, auch als das gewünschte Verhalten für unsere Mitmenschen ansetzen. Heißt also, wenn ich mir selbst Ruhe und Rückzug in einer stressigen Situation wünsche, dann gehe ich instinktiv erst einmal davon aus, dass dies auch für meine Kollegen gilt. Wenn ich selbst ein Mensch bin, der es im Stress genießt, andere Menschen um sich zu haben und sich auszutauschen, dann erwarte ich das ebenfalls bei meinen Kollegen. Tut es mir gut, mich im Stress auszupowern, so ist dies mein Normalverhalten und ich setze es auch bei anderen Menschen als Maßstab an. – Willkommen im Arbeitsalltag!

Diese Wahrnehmungsverzerrung, dass unser eigenes Verhalten eins zu eins als Wunschverhalten auch auf andere Menschen übertragbar ist, hat wahrscheinlich schon so manches Team belastet. Menschen, die in meinem Coaching sitzen, geben oft an, dass sie das Gefühl haben, die Kollegen haben sich verändert. Dies ist allerdings in den meisten Situationen nicht der Fall. Sondern oftmals ist es so, dass wir den Kollegen zum ersten Mal bewusst so wahrnehmen, wie er sich in einer Stresssituation ganz instinktiv verhält. Die einzigen Dinge, die sich verändert haben, sind zum einen die stressigen Situationen, die tendenziell öfter auftreten, und unser eigener Blick auf unsere Mitmenschen.

Was passiert jetzt, wenn ich versuche, mein Verhalten auf die Menschen zu übertragen, mit denen ich zusammenarbeite oder auch zusammenlebe? Entweder ich habe Glück und unsere Stresstiere harmonieren gut miteinander, weil sie aus demselben Stall sind, oder es wird komplex, weil unsere Stresstiere einer anderen Gattung angehören. Wenn dies der Fall ist, dann setze ich durch mein Verhalten meine Kollegin oder meinen Kollegen, oder aber auch meine Mitmenschen im privaten Alltag, noch mehr unter Stress, wobei das ureigene Verhalten des anderen umso stärker zum Ausdruck kommen wird. Dies kann sich mitunter, selbst ohne großen Stress, in den unterschiedlichsten Bereichen auswirken und es bedarf einiger Übersetzungsarbeit, um das Vokabular des Gegenübers zu verstehen.

Im Folgenden findest Du weitere Beispiele zum Aufeinandertreffen der verschiedenen Stresstiere in Beruf und Privatleben:

Das Stresstier® im Beruf
Du sitzt im Büro, trinkst deinen ersten Kaffee und freust dich auf einen entspannten Arbeitstag. Da betritt Kollegin Müller den Raum, steuert zielstrebig auf dich zu und eröffnet das Gespräch: »Weißt du, was mir am Wochenende passiert ist? Das muss ich dir erzählen. Hast du zwei Minuten? Also, ich wollte ja mit der Jenny am Wochenende ins Kino gehen. Da läuft ja jetzt dieser neue Film und ich habe uns Karten vorbestellt, und da sitze ich im Auto, um die Jenny abzuholen, und denke noch, irgendwas hast du vergessen, und als ich dann fast schon bei der Jenny vor der Tür bin, da fällt es mir siedend heiß ein. Die Kinokarten, du hast die Kinokarten liegen lassen. Ich also schnell die Jenny eingeladen. Wir beide natürlich total aufgeregt und sofort habe ich den Jochen angerufen, damit der die Kinokarten schon mal sucht und an die Tür legt, weil wir ja sowieso schon spät dran waren. Und da sehe ich schon im Rückspiegel, dass die Polizei hinter

uns herfährt und schon das Schild auf dem Dach angemacht hat, dass ich ranfahren soll. Ich total aufgeregt frag sofort die Jenny, was ich denn jetzt sagen soll. Da steht auch schon der Polizist am Fenster und fragt nach meinen Papieren. Ich erzähl ihm also von den Kinokarten und wie schwierig das war, überhaupt noch welche zu bekommen, und dass wir jetzt zurückmüssen und dass ich sofort den Jochen angerufen habe und der die Karten jetzt rauslegt. Da hat der Polizist uns sofort weiterfahren lassen, weil er das auch schon mal hatte. So ein netter! Und dann haben wir es gerade noch geschafft. Ich habe von dem Film kaum was mitgekriegt, weil ich die ganze Zeit mit der Jenny drüber gequatscht habe, wie das wohl ausgegangen wäre, wenn der nicht so nett gewesen wäre und uns erstmal gründlich kontrolliert hätte. Das war was, sag ich dir. Na ja, ich wünsch dir einen schönen Tag, wir können ja später nochmal quatschen.« Kaum hat sie ihre Ausführungen beendet, zieht sie schon einen Schreibtisch weiter und du hörst, wie sie deinem Nachbarn dieselbe Story nochmal erzählt und nochmal und nochmal und nochmal. Die Schreibtische wechseln, die Story bleibt dieselbe, je nach Kollegen mehr oder weniger begeistert aufgenommen.

Irgendwann hörst du aus der hinteren Raumecke, dass Kollege Meier sich lautstark Luft verschafft und quer durch das Büro brüllt: »Kann man hier endlich mal in Ruhe arbeiten? Wir sind doch nicht auf dem Wochenmarkt!« Sofort tritt Ruhe im Büro ein. Herr Meier greift zum Telefon und führt ein »wichtiges« Gespräch, in dem er seinem Gesprächspartner erzählt, was er für ein toller Hecht ist. Und das in einer Lautstärke, als würde er ein Dosentelefon benutzen. Die am häufigsten verwendeten Worte in diesem Gespräch sind übrigens »Ich« und »Genial«. Du überlegst dir in diesem Augenblick, hinter deinem Bildschirm versteckt, wie du deinen Chef wohl am besten davon überzeugen kannst, dass ein Homeoffice-Arbeitsplatz für dich auch der Firma unglaubliche Vorteile bieten würde.

Das Stresstier® in der Partnerschaft
Auch in der Partnerschaft zeigt das Stresstier® seine Wirkung. Ich erinnere mich gut an einen meiner Geburtstage. Ich ging an diesem Tag gewohnt meiner Arbeit nach und freute mich schon den ganzen Tag auf einen ruhigen und gemütlichen Abend mit meiner Frau, da mein Stresstier® Phasen der Ruhe und des Rückzugs genießt. Meine Frau, deren Stresstier® soziale Nähe und Austausch bevorzugt, hatte für diesen Abend allerdings ganz andere Pläne und wollte mir eine Überraschung bereiten.

Als ich abends das Haus betrat und mich auf ein Gläschen Sekt, Kerzenschein und eine Antipasti-Platte freute, schallte mir ein fröhlich gesungenes, etwa 20stimmiges »Happy Birthday« entgegen – meine Frau hatte eine Überraschungsparty mit Freunden organisiert … Ich habe mir hinterher sagen lassen, dass die Überraschung deutlich an meinen entgleisenden Gesichtszügen abzulesen war. Mittlerweile weiß meine Frau, dass Überraschungspartys besser vorher mit mir abgestimmt werden, und ich habe durch diese Erfahrung gelernt, dass sie Überraschungspartys mag!

Das Zusammentreffen zwischen zwei unterschiedlichen Stresstieren beinhaltet eben ein ständiges Voneinanderlernen und vor allen Dingen einen Perspektivwechsel hin zum Gegenüber. Am wichtigsten ist es, zu verstehen, dass das Verhalten, welches wir uns für uns selbst wünschen, nicht zwingend auch das ist, welches unser Gegenüber als angenehm empfindet. Hilfreich ist es, zu verstehen, dass es unterschiedliche Stresstiere gibt, und daran zu wachsen. Eine unlösbare Aufgabe hingegen ist es, zu versuchen, den anderen dahin zu erziehen, dass er das toll findet, was ich auch toll finde.

Gerade bei Menschen, die eng zusammenarbeiten müssen oder zusammenleben, hat dies oftmals mit dem Schließen von Kompromissen zu tun und dem Verständnis, dass jeder Mensch eine eigene Vorstellung davon hat, was Wohlfühlen und Entspannung betrifft. Es lassen sich oft gute Kompromisse finden, die beide Parteien glücklich machen. So kann es eine gute Lösung sein, die unterschiedlichen Bedürfnisse zu kommunizieren und Zeiträume zu schaffen, in denen der eine sich zurückziehen und der andere den Austausch leben kann.

Vielleicht erkennst du deine Kollegen oder deinen Lebenspartner hier wieder oder ihr erkennt eine andere Tiermischung am Arbeitsplatz oder zu Hause. (Details zur Zuordnung der jeweiligen Stresstiere folgt in Kapitel 4.). Nehmt euch doch einmal, am besten in einer entspannten Situation, die Zeit, darüber zu reden und für euch gangbare Wege zu finden. Ein solches Gespräch kann oft Wunder bewirken und so manch angespannter Situation in der Zukunft vorbeugen.

3.3   Welchen Einfluss das Stresstier® auf deine Motivation hat

Welche Strategien hast du, um dich in einer Situation zu motivieren, auf die du eigentlich keine Lust hast? Hast du überhaupt Strategien oder sind es eher Zufallsergebnisse, die mal funktionieren, ein anderes Mal dann wiederum nicht?

Wenn wir uns das Stresstier® einmal genauer anschauen, dann ergeben sich aus der Unterschiedlichkeit der Stresstiere hervorragende Motivationsideen, die du sehr gezielt nutzen kannst. Auf der anderen Seite gibt das Stresstier® auch deutliche Hinweise darauf, was du in einer Situation, in der du Motivation brauchst, auf jeden Fall vermeiden solltest.

Jedes Stresstier® hat seine ureigensten Eigenschaften, die es, vor allem im Stress, leicht abrufen kann. Und da eben diese Muster tief im Gehirn verankert sind, arbeiten sie zuverlässig wie ein Schweizer Uhrwerk. Wenn diese Strukturen so gut funktionieren, besteht also auch die Möglichkeit, sie uns zunutze zu machen, wenn es um Themen wie die Motivation geht. Der Trick dabei ist, die Reaktionen, die diese Strukturen auslösen, sehr gut zu kennen und zu erlernen, wie sie produktiv und auf Knopfdruck genutzt werden können.

Stell dir vor, du hättest einen Schalter in dir, der dafür sorgt, dass du dich immer dann gezielt motivieren kannst, wenn du es gerade brauchst. Die gute Nachricht ist: Dieser Schalter existiert und kann, mit etwas Übung, problemlos von dir aktiviert werden und steht dir immer dann zur Verfügung, wenn du ihn gerade brauchst. Das Einzige, was du dazu kennen musst, ist die Struktur deiner Persönlichkeit, dein Stresstier®. Denn wenn du die Zusammenhänge kennst, wirst du auch verstehen, warum es wichtig für ein motiviertes und konzentriertes Arbeiten ist, die Rahmenbedingungen schon im Vorfeld zu schaffen.

Das Stresstier® tickt nämlich äußerst archaisch. Sprich, es ist auf Reaktion und nicht auf Aktion ausgelegt. Daher müssen wir in den Situationen, in denen wir Motivation benötigen, ein bisschen tricksen und dem Gehirn vorgaukeln, dass es sich um eine Reaktionssituation handelt. Das bedeutet, wir schaffen uns in Gedanken eine künstliche Umgebung, in der das Stresstier® das Gefühl hat, es gäbe eine Situation, in der eine Reaktion erforderlich ist.

Durch das Wissen um dein persönliches Stresstier® kannst du also dein eignes Verhalten bewusster vorhersehen und beeinflussen. Klingt kompliziert, ist es aber nicht. In den nächsten Kapiteln wirst du Stück für Stück erfahren, was es mit den einzelnen Stresstieren auf sich hat und eine genaue Bedienungsanleitung für jedes einzelne Stresstier® finden.

Warum es wichtig ist, dein Stresstier® näher kennenzulernen
In meinen Seminaren sind die Teilnehmer immer ganz fasziniert davon, welche Unterschiede es zwischen den einzelnen Menschen gibt. Oftmals erklärt sich für den ein oder anderen augenblicklich, warum es in bestimmten Situationen Reibereien oder Missverständnisse gibt. Ich bin immer wieder erstaunt darüber, wie wenig uns in der Schule über die unterschiedlichen Persönlichkeitstypen beigebracht wird. In meiner eigenen Schulzeit wurden mir zwar Kommunikationsmodelle vermittelt, die allerdings selten erklärten, dass an diesen Modellen äußerst unterschiedliche Menschen beteiligt sind. Das aber macht einen wesentlichen Unterschied.

Am besten vergleichen lässt sich das mit dem Bild einer Autobahn. Die Autobahn ist in diesem Fall das Kommunikationsmodell. Die Verkehrsregeln auf der Autobahn sind für alle dieselben. Dieses Modell schließt zum Beispiel, zumindest theoretisch, aus, dass ich dort als Fußgänger unterwegs bin. In diesem Fall muss ich mich nach einem anderen Weg, sprich einem anderen Kommunikationsmodell, umsehen. Es macht aber auch einen großen Unterschied, ob ich auf dieser Autobahn in einem Porsche oder in einem Fiat Panda unterwegs bin, obwohl beides als Auto gilt.

Plötzlich beginnt damit das Kommunikationsmodell zu leben und die Interpretation und der Umgang mit dem Modell nimmt eine eigene Dynamik an. So weiß ich als Fiat-

Panda-Fahrer, dass ich einen LKW überholen kann, sollte aber auf jeden Fall vorher prüfen, ob sich ein Porsche auf der Überholspur befindet. Als Porsche-Fahrer darf ich nicht nur mein Gaspedal im Blick haben, sondern muss gleichzeitig damit rechnen, dass plötzlich ein Fiat Panda auf die Überholspur wechselt, der vielleicht meine Geschwindigkeit nicht richtig eingeschätzt hat.

Aber was ist jetzt für mich als Porsche-Fahrer wichtiger: die Fahreigenschaften meines Porsche zu kennen oder die des Fiat Panda? – In erster Linie sollte mir mein Fortbewegungsmittel vertraut sein. Denn dann kann ich genau einschätzen, wie sich das Fahrzeug verhält, auch wenn es zu unvorhergesehenen Fahrmanövern anderer Verkehrsteilnehmer kommt. Gleichzeitig ist es natürlich hilfreich, wenn ich auch die anderen Verkehrsteilnehmer einschätzen kann, weil mir dies zusätzliche Informationen für die Gesamteinschätzung bietet.

Ähnlich verhält es sich auch bei unserem Stresstier®. Je besser ich mich selbst kenne, desto genauer kann ich einschätzen, wie ich mich in Stresssituationen verhalte. Was mich auf die Palme bringt, wo meine roten Knöpfe sind und wie ich es aus mir heraus schaffe, einer stressigen Situation deeskalierend zu begegnen. Wenn ich nun zusätzlich auch noch lerne, die Stresstiere meiner Mitmenschen einzuschätzen, bietet mir dies zusätzliche Ansatzpunkte, eine Situation noch genauer beurteilen zu können und positiv Einfluss darauf zu nehmen. Das ist sozusagen ein Fahrsicherheitstraining für meine Persönlichkeit.

Vor der Frage: »Wie ticken die anderen«, sollte aber immer erst die Frage stehen: »Wie ticke ich eigentlich?« Wenn du das genau verstanden hast und deine »Fahreigenschaften« gut einschätzen kannst, dann lohnt es sich auf jeden Fall auch, den Blick aus der Brille deines Gegenübers zu verstehen. Je größer das Wissen über die einzelnen Verhaltensweisen ist, desto aktiver und bewusster können wir miteinander umgehen und das wiederum erhöht die Wahrscheinlichkeit für eine gelungene und reibungslose Kommunikation. Je genauer du dich kennenlernst, desto klarer lernst du auch deine Bedürfnisse und Grenzen kennen.

Das bedeutet allerdings nicht, dass nicht noch andere Facetten in dir schlummern. Zudem ist es wahrscheinlich, dass mit dem Verständnis für die verschiedenen Stresstiere sich auch dein Horizont erweitert und du somit im Laufe der Zeit immer mehr die Möglichkeit erwirbst, flexibler zu reagieren. Sei also neugierig auf das, was dir begegnet, lerne dich selbst kennen und sei offen für neue Verhaltensweisen.

4 Das Stresstier® in seinen verschiedenen Ausprägungen

Das Stresstier® kann maßgeblich in drei Varianten auftreten: der Gazelle, dem Löwen und dem Affen. Zugrunde liegt hier, welcher Hormoncocktail bei dir bzw. bei deinen Mitmenschen im Stress bevorzugt ausgeschüttet wird. Dies wiederum ist davon abhängig, welcher deiner Gehirnteile im Stress bevorzugt aktiviert wird.[13]

- Ist dein Reptilienteil besonders aktiv, so gehörst du wahrscheinlich zum sogenannten Gazellen-Typ. Bevorzugt arbeitest du in diesem Fall mit dem Hormon Oxytocin, welches auch als Kuschelhormon bekannt ist. Soziale Nähe und Austausch stehen dann für dich im Stress im Vordergrund.

- Springt bei Stress bevorzugt dein Zwischenhirn an, so wirst du vornehmlich Adrenalin produzieren (welches oftmals fälschlicherweise als das einzige Stresshormon dargestellt wird). Adrenalin pusht unseren Energiehaushalt und regt den Wettbewerb an. Das Aneinandermessen hat in diesem Fall eine große Bedeutung für dich im Stress. In diesem Fall bist du eher ein Löwen-Typ.

- Neigst du zum Zugriff auf das Großhirn, so produziert dein Körper im Stress vermehrt Melatonin. Melatonin regelt in unserem Gehirn den Tag-Nacht-Rhythmus. Ausdruck findet dies darin, dass du im Stress eher den Rückzug liebst und die Situation von außen beobachtest. In deinem Kopf findet zu diesem Zeitpunkt vermehrt Kommunikation mit dir selbst statt. Bei dieser Ausprägung sprechen wir vom Affen-Typ.

Die Stresstier®-Systematik können wir mit einer Landkarte vergleichen. Alles, was du in diesem Buch über die Eigenschaften der verschiedenen Typen lernst, entspricht dieser Landkarte. Ich habe an anderer Stelle bereits erwähnt, dass eine Landkarte einen guten Überblick über die Umgebung bietet, in der wir uns bewegen. Sie ersetzt aber nicht die Eindrücke, die du vor Ort bekommst. Außerhalb der Landkarte bieten sich Situationen, die du möglicherweise anders eingeschätzt hättest. Die zwei Kilometer, von denen du gedacht hast, »die schaffe ich spielend zu Fuß«, stellen sich plötzlich als steile Schotterpiste heraus. Der Weg, den du ursprünglich fahren wolltest, ist gesperrt, sodass du eine Umleitung wählen musst.

Um dir zumindest einen kleinen Eindruck von der wirklichen Umgebung zu bieten, die von der Landkarte des Stresstieres nicht abgebildet werden kann, habe ich die folgenden Kapitel dazu mit kleinen Anekdoten aus dem Leben gewürzt, um einen möglichst lebhaften Eindruck dessen zu vermitteln, was dir in der freien Wildbahn begegnen kann und wie sich die Ausprägungen der einzelnen Stresstiere, auch in der Begegnung

---

13   Siehe hierzu auch Kapitel 2.2.

miteinander, darstellen. Nichtsdestotrotz wirst du in der Realität immer wieder Über-raschungen und Facetten erleben, die dieses Buch nicht bis ins Letzte darzustellen vermag. Das Leben wird dir zahlreiche Erkenntnisse schenken, die dich hoffentlich in Zukunft zu einem Schmunzeln veranlassen und immer wieder an die Erkenntnisse aus dem Buch denken lassen.

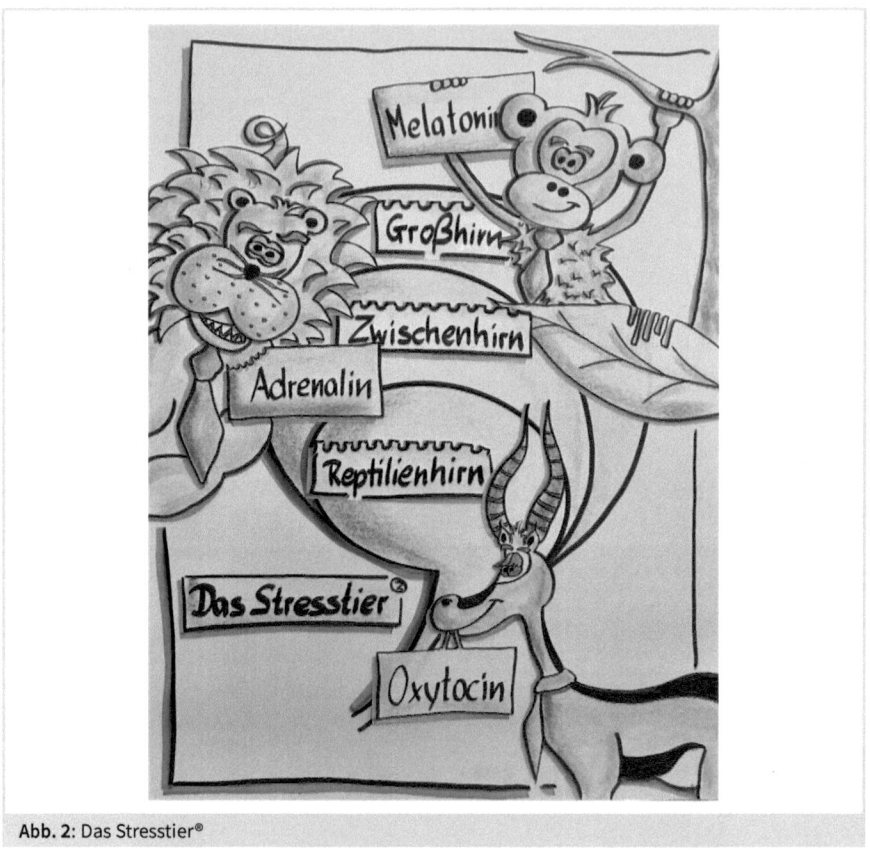

Abb. 2: Das Stresstier®

Genieß das Abenteuer Stress und das Abenteuer Kommunikation. Sei offen für alle Spielarten des Stresstieres und für das Zusammentreffen von Menschen mit unter-schiedlichsten Ausprägungen. Genieße es, stets dazuzulernen und deine eigenen Erfahrungen zu sammeln.

Es ist wichtig, sich nicht an der Landkarte festzuklammern und sich auf die Stresstier®-Schubladen zu berufen, sondern offen zu sein für das, was dir begegnen wird. Wenn dir das Buch die eine oder andere Richtung möglicher Reaktionen zeigt und du gelas-sen in die nächste Stresssituation gehen kannst, weil du eine Idee davon hast, dass wir alle unterbewussten Programmen folgen, dann hat es sich gelohnt, dieses Buch zu lesen. Um dir das Verständnis zu erleichtern, habe ich an der ein oder anderen Stelle des Buches bewusst polarisiert. Je klarer die Grenzen in der Landkarte eingezeichnet sind, desto besser kannst du sie erkennen.

Es gibt allerdings auch viele Situationen in der realen Welt, in denen diese Grenzen durchlässiger sind oder in anderen Verläufen auftreten können. Je mehr du aber unter Stress stehst und je klarer deine eigene Ausprägung ist, desto lupenreiner werden die Verhaltensweisen sichtbar. Im Folgenden wirst du die unterschiedlichen Stresstiere und deren Eigenarten genauer kennenlernen können.

4.1 Die Gazelle

Hast du schon einmal eine Gazelle beobachtet, die in Stress gerät? Vielleicht warst du schon einmal in Afrika oder zumindest im Zoo. Wenn nicht, dann hast du möglicherweise einmal einen Film gesehen, in der eine Herde Gazellen friedlich grasend in der Savanne stand. Erinnere dich gerne an dieses Bild zurück, und nun stell dir bitte folgende Situation vor: Die Gazellen grasen und grasen und grasen und plötzlich nähert sich ein Fressfeind der Gazellenherde, tippt der nächstbesten Gazelle auf die Schulter und sagt: »Ich will dich fressen.« Noch bevor unser Fressfeind den Satz zu Ende gesprochen hat, hüpft unsere Gazelle wie eine Sprungfeder in die Höhe und schreit: »Gefahr, Gefahr!« (Natürlich auf gazellisch.) Vorher verliert sie allerdings noch ein paar Küttelchen, um den Darm zu entleeren, damit einem hohen Sprung nichts mehr im Wege steht. (Was das für die Gesundheit des Gazellen-Typen bedeutet, findest du in Kapitel 4.1.5.)

Sofort springt eine zweite und dritte Gazelle ebenfalls hoch und schreit: »Gefahr, Gefahr!« Gazellen vier bis zwanzig reihen sich in die Hüpferei ein. Wie eine Welle zieht sich eine wilde Springerei durch die gesamte Herde. Ich garantiere dir, dass die fünfzigste Gazelle nicht mehr wissen kann, was da vorne los ist, aber aus Solidarität springt und schreit sie erst einmal mit. Bis irgendwann eine der Gazellen ruft: »Ulla ist gefressen worden, alles ist wieder gut.« Sofort geht die Gazellenherde wieder in ihr gewohntes Grundritual über: grasen grasen, grasen.

Gazellen sind Herdentiere. Bei unserer menschlichen Gazelle spielt das Stammhirn eine große Rolle. Und in diesem Zusammenhang, du hast es in Kapitel 2 »Ein Blick ins Gehirn« bereits gelesen, spielt das Hormon Oxytocin eine große Rolle. Oxytocin ist, wie du mittlerweile weißt, auch als das sogenannte Kuschelhormon bekannt.

Damit du besser nachvollziehen kannst, wie Oxytocin in unserem Körper wirkt, und dementsprechend auch das Verhalten der Gazelle im Stress eher nachempfinden kannst, schildere ich dir im Folgenden zwei Situationen, bei denen in der Regel bei jedem Menschen Oxytocin produziert wird.

Besonders viel von diesem Kuschelhormon wird zum Beispiel während der Schwangerschaft ausgeschüttet. Warum ist das so? Wenn wir es rein rational betrachten, dient es dazu, dass das frische Baby nicht direkt nach der Geburt im Kreißsaal zurückgelassen wird. Klingt brutal, ist aber so.

Bevor der Säugling geboren wird, befindet er sich logischerweise im Bauch der Mutter. Die schüttet bereits während der Schwangerschaft einen Menge Oxytocin aus, damit schon in dieser Zeit die Bindung zum bald Neugeborenen angebahnt wird. Lass dir gesagt sein, Frauen sind in der Schwangerschaft voll von Oxytocin. Das ist auch der Grund, warum so leicht Stimmungsschwankungen und Gefühlsausbrüche bei ihnen auftreten. Die Emotionszentrale ist in dieser Zeit auf Vollalarm geschaltet. Emotionen werden in dieser Zeit wesentlich intensiver wahrgenommen. Wenn du als Frau noch nicht schwanger warst oder ein Mann bist, stell es dir so vor, als würde man einen Bewegungsmelder so fein einstellen, dass er registriert, wie eine Ameise sich am Kopf kratzt. Lass einmal eine Schwangere einen Herzschmerzfilm gucken. Bei der kleinsten Emotion fließen die Tränen wie aus Sturzbächen. Keine Angst, lass es ruhig laufen, in der Regel laufen die Frauen, auch im schwangeren Zustand, nicht ganz leer.

Welchen Sinn bietet das für die Geburt? Die Lösung ist ganz einfach: Die Frau hat das Kind zwar im Bauch, hat es aber bis zum Zeitpunkt der Geburt (Ultraschall und ähnliches ausgenommen) noch nie gesehen, geschweige denn berührt. Gerade Berührung jedoch stellt eine wesentliche Grundvoraussetzung für die Anbahnung einer neuen Beziehung dar. Und irgendwann, nach etwa neun Monaten, kommt der kleine Erdenbürger heraus und soll mit nach Hause genommen werden. Aus der Logik heraus ist das nicht vorgesehen. Oder würdest du jemanden, der dir zufällig vor die Füße fällt, sabbert, die Windeln vollmacht und dich zu den unmöglichsten Nachtzeiten heulend weckt, einfach mit nach Hause nehmen und fortan für ihn sorgen, 24 Stunden für ihn da sein und alles mit ihm teilen? – Wahrscheinlich nicht.

Deshalb bedient sich die Natur dieses kleinen Tricks mit dem Oxytocin. Oxytocin gaukelt der frisch Gebärenden vor, dass der kleine Erdenbürger schon immer irgendwie dazugehört hat, keine Gefahr darstellt und den Clan bereichert. Verstärkt wird die Produktion überdies durch Hautkontakt. Daher ist es auch superwichtig, das frisch Geborene im Idealfall sofort auf die Brust der Mutter zu legen, da dadurch die Hormonproduktion noch einmal Vollgas gibt.

Ein Alltagsbeispiel für eine erhöhte Oxytocin-Ausschüttung, das wahrscheinlich die meisten Menschen schon einmal erlebt haben, stellt das Frisch-verliebt-Sein dar. Vielleicht erinnerst du dich noch: Schmetterlinge im Bauch, man macht bekloppte Sachen und alles an der neuen Partnerin oder am neuen Partner ist toll. Da können die Leute um dich herum noch so komisch gucken und fragen: »Was hast du dir denn da angelacht?« Du wirst für alles eine liebevolle Begründung finden. »Nein, sie ist supertoll. Die

Vokuhila-Frisur in Kombi mit der Bambi-Tätowierung? Ja, süß, oder? Grillen? Nein das geht nicht, Sie ernährt sich ja lacto-oligo-fructarisch. Toll, oder? Das wollte ich doch sowieso immer schon mal ausprobieren. Ja, meine Mitgliedschaft im Beef-Burgers-Club kündige ich einfach. Ihr Name? Schakkeline-Paskal. Originell, oder? Ich finde ja, der Name hat so einen tollen Klang und als Kosename bietet sich Chukky an, ist das nicht super?« Während die Welt um dich herum den Kopf schüttelt, trägst du dank Oxytocin die rosarote Brille und machst dir deine Liebeswelt, so wie sie dir gefällt. Deine Lieblingsbeschäftigung in dieser Zeit? Kuscheln, Händchenhalten und Knutschen.

Nach ziemlich genau sechs Monaten nimmt die Produktion des Kuschelhormons schlagartig ab. Die Natur denkt sich wahrscheinlich: »Sechs Monate sollten ausreichen, um für Nachwuchs zu sorgen, da muss ich nicht mehr regulierend eingreifen.« Und so kann es dir passieren, dass du an Tag eins von Monat sieben aufwachst und dich über einen leicht säuerlichen Geruch wunderst, der einer fremden Achselhöhle entströmt und plötzlich entdeckst du in vollem Bewusstsein Chukky neben dir. Schnarchend wie ein Trupp eingefleischter Waldarbeiter. Auf einen Schlag hellwach, kommt dir nur noch ein Gedanke: Wie konnte das passieren und wie komme ich hier weg, ohne dass Chukky aufwacht? Ach ja, manchmal hat ein kleiner Hormonmix einen großen Einfluss auf unsere scheinbar so objektive Wahrnehmung.

Du hast jetzt eine Idee davon, wie sich das Kuschelhormon Oxytocin auf unser Leben auswirken kann. Der Gazellen-Typ produziert in Stresssituationen vornehmlich Oxytocin und hat dadurch logischerweise das Bedürfnis nach Kuscheln in allen verwandten Variationen. Wenn die Gazelle Stress hat, hat sie vornehmlich das Gefühl, sich mit anderen austauschen zu wollen und die Herde um sich zu spüren, bis die Gefahr vorbei ist.

Vielleicht kennst du Menschen in deiner Umgebung, die nach dem Wochenende auf dich zukommen und ins Gespräch einsteigen mit den Worten: »Weißt du, was mir am Wochenende passiert ist. Hast du eine Minute? Das muss ich dir eben erzählen. Du wirst es nicht glauben …« Noch bevor du antworten kannst, hat dich die Gazelle schon im verbalen Klammergriff und berichtet dir erneut von ihren Erlebnissen am Wochenende.

Noch während du vielleicht denkst: »Warum eigentlich immer ich«, hörst du die Gazelle ihren Monolog beenden mit den Worten: »Das tat richtig gut, mit dir mal darüber zu reden«, und in voller Verwunderung über die verschobene Wahrnehmung von Dialog und Monolog hörst du, wie sich die Gazelle nun erneut einen Kollegen schnappt mit den einleitenden Worten: »Weeeeißt du, was mir am Wochenende passiert ist …«

Die durchschnittliche Gazelle benötigt etwas fünf bis sieben Kontakte, um ihren Hormonspiegel einigermaßen wieder auf Normalnull zu fahren. Das bedeutet gleichzeitig auch, dass fünf bis sieben Menschen in Stress gesetzt worden sind, bis es der Gazelle emotional besser geht.

!   Gazelle Gerd

Im Rahmen eines Team-Coachings begleitete ich einen neuen Kollegen, nennen wir ihn Hans, auf eine Betriebsfeier. Die Stimmung war locker und ausgelassen und alle kamen leicht miteinander ins Gespräch. Wir gesellten uns zu Gerd, dem Abteilungsleiter.

Schnell ergaben sich erste Gemeinsamkeiten und Hans und Gerd begannen sich darüber zu unterhalten, wie man am schnellsten von Everswinkel (dort wohnen die beiden) nach Oelde (dort ist die Firma) kommt. Verschiedene Wege wurden durchdiskutiert und an markanten Wegpunkten abgeglichen. Nach einer Viertelstunde stieg ich aus dem Gespräch aus, bei dem ich sowieso eher der zuhörende Part war, weil ich pragmatisch einfach nach Navi fahre. Ich orientierte mich anderweitig, da ich das Gefühl hatte, dass es bei diesem Thema nun wirklich nichts mehr zu besprechen gebe, und pendelte von Grüppchen zu Grüppchen und genoss die Zeit. Als ich nach etwa eineinhalb Stunden zu Hans und Gerd zurückkehrte, war ich gespannt, wo das Thema inzwischen gelandet war. Und man höre und staune, sie diskutierten immer noch den optimalsten Fahrweg zwischen Everswinkel und der Firma.

Nur für diejenigen, die in dieser Gegend nicht ortskundig sind: Die 30 Kilometer von Everswinkel nach Oelde dauern mit dem Auto etwa 45 Minuten, wenn alle Widrigkeiten eintreten, die eintreten können. Für mich war es unfassbar, dass man doppelt so lange über eine Strecke reden kann, wie die eigentliche Fahrzeit dafür ist. Als wir nach der Party nach Hause fuhren, sagte Hans zu mir: »Gerd ist ja richtig nett und unterhaltsam.« So kann ein Abend verlaufen, wenn sich zwei Gazellen gefunden haben. Für mich war es schon bei den ersten Telefonabsprachen zum Coaching gewöhnungsbedürftig, wenn Gerd mir eine Viertelstunde erzählte, wie es bei ihm regnet.

So unterscheiden sich die Stresstiere voneinander.

4.1.1   Bedienungsanleitung für Gazellen

Das Leben in der Herde ist das Wohlfühlterritorium für die Gazelle. Die Herde bietet Schutz und Sicherheit und Kommunikation. Dies gilt nicht nur für die grazilen Steppentiere, sondern ebenso für unsere menschlichen Gazellen. Eine einzelne Gazelle in der Steppe ist schutzlos und verloren. Die menschliche Gazelle wird ebenso alles daransetzen, möglichst oft in der Herde unterwegs zu sein und die Nähe anderer Menschen zu suchen.

Vielleicht kennst du sie auch aus deinem Umfeld. Die Zeitgenossen, die es schwerlich aushalten, für sich allein zu sein. Gerne gesellen sie sich dazu, wenn irgendwo zwei Menschen miteinander reden. Auch im leeren Zugabteil, in dem nur wenige Plätze besetzt sind, steuern sie zielstrebig auf dich zu mit den Worten: »Entschuldigung, ist der Platz neben Ihnen noch frei?« Und ehe du antworten kannst, befindest du dich schon in einem fröhlichen Smalltalk.

Der Teamgedanke, das Unterordnen des eigenen Wohls im Sinne des Gemeinwohls, ist ein fest verankertes Lebensmotto unserer menschlichen Gazelle. Gazellen erkennt man häufig an einem empathischen Verhalten (gerade, wenn es anderen schlecht geht) und einem hohen Maß an Geselligkeit. Wo viel gelacht wird, wo in der Vergangenheit geschwelgt wird, da sind mit Sicherheit einige Vertreter dieser Spezies vor Ort. Diesem Stresstier® ist es ein Anliegen, für eine angenehme Atmosphäre zu sorgen. Wenn niemand an deinen Geburtstag denkt, die Gazelle tut es mit Sicherheit und hat wahrscheinlich auch schon einen Kuchen gebacken und die Glückwunschkarte organisiert, auf der bereits alle Freunde unterschrieben haben. Dieses menschennahe und empathische Verhalten macht die Gazelle zu einem sensiblen Vertreter, der sehr gefühlsbetont, empfindsam, ehrlich und hilfsbereit ist.

Diese Eigenschaften führen dazu, dass sich die Gazelle aber auch als äußerst konfliktscheu und harmoniebedürftig herausstellt. In diesem Zusammenhang wird sie alles dafür tun, ein aus dem Lot geratenes Harmoniegefüge wiederherzustellen. Jedoch kann das unter Umständen zu noch mehr Irritationen führen, da bei Stress in dieser Situation das Stammhirn der Gazelle in die Quere kommt. Du hast weiter oben schon gelesen, dass das Stammhirn ein äußerst »sprunghaftes« Verhalten anregt. Und so kann es dir auch mit einer menschlichen Gazelle passieren, dass in der Stresssituation bei ihr diese Sprunghaftigkeit auftritt. Aus dem Harmoniebedürfnis heraus werden unklare Aussagen getroffen, um das Gegenüber zu besänftigen.

Da Gazellen gewohnt sind, sich in der Herde aufzuhalten, ist es mit der eigenen Entscheidungsfindung so eine Sache. In der Herde springt man, wenn die Nebengazelle springt, aber was ist, wenn man plötzlich auf sich allein gestellt ist? Dann stellt sich ein Entscheidungsprozess als eine sehr komplexe Sache dar und es kann passieren, dass im Eifer des Gefechts auch die Meinung öfter einmal wechselt, um dem Gesprächspartner wenigstens möglichst nah zu sein.

Wie geht man am besten mit einem Vertreter dieser Spezies um?
Die Grundlage bietet hier immer wieder die Orientierung an der Herde. Das bedeutet: Je mehr sich der Gazellen-Typ an der Gruppe orientieren kann, je mehr er spürt, dass er nicht auf sich allein gestellt ist, desto wohler wird er sich fühlen. Es ist wichtig zu verstehen, dass für die Gazelle nicht die einzelne Person zählt. Sondern es zählt das Team, die Gesellschaft, zumindest die, die vertraut ist, als eine Einheit. Wenn die Gazelle spürt, dass ihr Sparringspartner die gleichen Grundwerte vertritt, wenn ein gegenseitiges Wohlwollen und ein harmonischer Austausch miteinander da sind, dann geht es der Gazelle gut.

Sind Spannungen im Raum, müssen Entscheidungen getroffen werden oder kämpft jeder für sich, dann leidet die Gazelle. Was die Gazelle für andere tut, erwartet sie nicht zwangsläufig auch für sich selbst. Das hängt mit dem Verhalten zusammen, sich dem Gemeinwohl unterzuordnen. Daher nimmt sich die Gazelle in der Regel selbst nicht so wichtig. Nichtsdestotrotz genießt sie es, das Gefühl zu bekommen, ein wichtiger Bestandteil der Herde zu sein.

Organisation ist nicht die Hauptpräferenz von Gazellen. Das sprunghafte Wesen des Tieres findet sich auch in der menschlichen Ausprägung wieder. Sich mehrere Wege offenzuhalten, kann ein Vorteil sein, wenn man es sich nicht mit dem Einzelnen verscherzen möchte. Zudem ist der Trieb, sich auf andere zu verlassen, recht ausgeprägt, was die Gazelle dazu veranlasst, sich aus organisatorischen Dingen im Großen und Ganzen herauszuhalten und sich dem anzupassen, was die Herde entschieden hat.

Situationen, die der Gazelle vertraut sind, bieten ihr Sicherheit und einen Ort zum Wohlfühlen. »Früher war es doch am schönsten«, ist ein Motto, dem sich der Gazellen-Typ gerne anschließt. Wie schön ist es, in der Vergangenheit zu schwelgen und sich gemeinsam an schöne Erlebnisse zu erinnern.

Nach außen kann es passieren, dass die Gazelle mitunter als unorganisiert und ein wenig chaotisch wirkt. Das Handeln dieses Typen basiert primär auf Erfahrungswerten und oftmals rückt der Fokus von der eigentlichen Sache auf ein fröhliches Gespräch und den Austausch mit den Mitmenschen.

> **!**   **Die Gazelle im Arbeitsleben**
>
> Felix, IT-Spezialist in einem großen Unternehmen, ist ein ausgeprägter Gazellen-Typ. Felix' Spezialgebiet ist der Homepagebau. So kommt es öfter einmal vor, dass seine Expertise von Kollegen in Anspruch genommen wird. Der Ablauf von Felix' Dienstleistungen ist dann stets sehr ähnlich. Er kommt spontan vorbei und als Allererstes wird bei einem Kaffee das Problem ausgiebig besprochen. Immer wenn es jedoch in Richtung von Details geht, folgt ein: »Ja, wir schauen uns das gleich mal an.« Zu viele Informationen sind für die Gazelle überladend. Es reichen an dieser Stelle die wesentlichen Eckpunkte. Es gibt doch wesentlich interessantere Themen als das Homepageproblem. Wie geht es eigentlich Kurt? Du weißt doch, der, bei dem wir vor 20 Jahren mal waren. Ist der eigentlich noch mit Elli zusammen? Die Unterhaltung kommt von Hölzchen auf Stöckchen und es wird darüber philosophiert, wie sich ähnliche Probleme in anderen Zusammenhängen und bei anderen Personen schon einmal dargestellt haben. Gerne darf es auch noch ein zweiter Kaffee sein oder das Gespräch erstreckt sich bis kurz vor Feierabend.
> Dann fällt ihm ein, dass er noch einem anderen Kollegen Hilfe zugesagt hatte, und die Sache wird angegangen. Mit Improvisationstalent und einer »Das müsste so erstmal funktionieren«-Lösung ist das eigentliche Problem innerhalb von 5 Minuten behoben. Zum Abschluss noch eine kurze Zigarette, gepaart mit einem: »Das schauen wir uns dann nächste Woche nochmal in Ruhe an«, und auf zum nächsten Kollegen.

4.1.2   Die Sprache der Gazelle/Sprichworte

Die Sprache der Gazelle ist die Sprache des Wir-Gefühls und der Erinnerung. Die Sprechweise der Gazelle passt sich ihrer Denkweise an. Gazellen sind, wie du bereits gelesen hast, Herdentiere und lieben die Kommunikation und den Austausch mit anderen. Der Gazellen-Typ ist derjenige, der am liebsten und am meisten von allen Typen kommuniziert. Daher kommt es ihm auch nicht auf Feinheiten in der Kommunikation an, sondern schlichtweg auf den Austausch an und für sich. Der Grundsatz »Quantität geht vor Qualität« beschreibt es hier wohl am besten.

Gazellen neigen dazu, ihre Gedanken sofort und möglichst oft in gesprochenes Wort zu übertragen, und bekommen oftmals erst durch ihr eigenes Sprechen mit, was sie eigentlich denken. Da der Denkprozess fast zeitgleich mit dem Prozess des Sprechens einhergeht, kannst du hier also fast ein Eins-zu-eins-Abbild des Denkens erleben. Die Sätze sind zum Teil recht verschachtelt, Zeit- und Sinnsprünge an der Tagesordnung. Abläufe werden nicht chronologisch erzählt, sondern so dargeboten, wie der Gedankenverlauf es gerade hergibt.

Die zeitliche Orientierung der Gazelle erfolgt anhand der Erinnerungen und dem gemeinsam Erlebten. Gerne wird in Vergangenem geschwelgt, in den guten alten Zeiten. Daher ist auch die Sprache der Gazelle vergangenheitsorientiert. Begriffe wie »früher«, »damals«, »bewährt«, »wie immer« und »wie gewohnt« prägen das Sprachbild. Traditionen und Rituale finden auch sprachlich beim Gazellen-Typen Ausdruck. Die Gazelle verwendet nur wenige Fremdwörter. Manchmal werden Dinge nur ungenau benannt oder umschrieben. Statt einen Sachverhalt genau zu erläutern, so scheint es oft bei der Gazelle, hilft vielleicht einfach ein Satz mehr zur Erklärung. Der Satz: »Du weißt schon, was ich meine«, ist typisch für die Gazelle.

Die Ansprache erfolgt optimalerweise in »Wir-Formulierungen«. Das gibt der Gazelle das vertraute Herdengefühl. Wenn du mit einer Gazelle kommunizierst, dann ist es wichtig, dass du ihr das Gefühl der Gemeinschaft vermittelst und Rückschlüsse aus der Vergangenheit mit einbeziehst. Ein Satz, der die Gazelle anspricht, kann wie folgt aussehen: »Frau Gazelle, das haben wir doch auch in der Vergangenheit immer geschafft und ich bin fest davon überzeugt, dass wir das auch diesmal gemeinsam hinbekommen!«

Sprichworte, die das Denken der Gazelle widerspiegeln   **!**

Früher war alles besser. (Unbekannt)
Nicht das Kapital bestimmt den Wert eines Unternehmens, sondern der Geist, der in ihm herrscht. (Claude Dornier)
Gemeinsam sind wir stark. (Unbekannt)
Egoismus ist das Gift der heutigen Zeit. (Unbekannt)
Wo man singt, da lass dich ruhig nieder, böse Menschen haben keine Lieder. (Johann Gottfried Seume)
Man muss das Rad nicht immer neu erfinden. (Volksmund)
Ein Lächeln ist der kürzeste Weg zwischen zwei Menschen. (Chinesisches Sprichwort)

4.1.3   Die Gazelle im Alltag

Die Höchststrafe für eine Gazelle besteht darin, allein zu sein. Daher setzt die Gazelle auch einen Hauptteil ihrer Lebenszeit dafür ein, sich mit anderen Menschen auszutauschen. Sei es der kurze Plausch beim Bäcker, der Anruf bei den Kindern oder die Stippvisite, um mal eben zu schauen, wie es den anderen geht. Gazellen lieben spontane Zusammenkünfte, die in ausgiebigen Plaudereien münden. Das Drumherum spielt dabei eine untergeordnete Rolle. Hauptsache, man kann zusammen sein und die Zeit miteinander genießen.

Gazellen sind hervorragende Kontakter und diejenigen, die den Kitt in die Gemeinschaft bringen. Soziale Kontakte werden gepflegt und möglichst viele Anlässe für ein schönes Beisammensein genutzt. Dabei muss die Gazelle nicht im Mittelpunkt stehen, auch wenn sie häufig der Initiator für Zusammenkünfte dieser Art ist. Es macht sie glücklich, wenn alle da sind und sich wohlfühlen.

Die Gazelle tut sich leicht damit, Hilfe anderer in Anspruch zu nehmen, auch wenn sie die Dinge durchaus selbst erledigen könnte. Aber es ist doch viel schöner, einmal darüber gesprochen zu haben und die Dinge gemeinsam zu tun.

Das Gespür für andere Menschen macht Gazellen-Typen zu mitfühlenden Zeitgenossen. Wenn es jemandem schlecht geht, ist die Gazelle da, hat ein offenes Ohr und bestimmt fallen ihr ähnliche Situationen ein, in denen sie so etwas auch schon selbst einmal erlebt hat, oder sie kennt jemanden, dem Ähnliches auch schon einmal passiert ist. Harmonie ist die oberste Priorität des Gazellen-Typs. Wann immer sich Spannungen anbahnen, versucht die Gazelle Ruhe hereinzubringen und ordnet sich im Sinne des Gemeinwohls schnell unter. Die eigenen Bedürfnisse sind nicht so wichtig wie der soziale Frieden. Und am schönsten ist es doch, wenn sich alle wohlfühlen, gemeinsam lachen und schöne Stunden miteinander verbringen.

Wenn du der Gazelle etwas Gutes tun möchtest, dann ist ein gemeinsamer Tag, an dem alte Fotos angeschaut werden und in der Vergangenheit geschwelgt wird, genau das Richtige. Der »Weißt du noch«-Satz wirkt dabei magisch.

Bei einem Coaching in einer großen Firma hatte ich einmal einen Auftraggeber, der ausgeprägter Gazellen-Typ war. Besonders auffällig bei ihm war, dass er während der Unterhaltung immer das Bedürfnis hatte, den Arm um die Schultern seines Gesprächspartners zu legen. Insgesamt lässt sich bei Gazellen beobachten, dass sie es lieben, nah am Gesprächspartner zu sein. Berührungen während des Gesprächs kommen bei diesem Tiertypen deutlich öfter vor als bei den anderen.

4.1.4   Die Gazelle im Kollegenkreis und in der Partnerschaft

Gazellen sind sehr partnerschaftlich veranlagt und lieben es, gemeinsame Erlebnisse zu teilen. Der Austausch steht im Mittelpunkt der Beziehung und mit den Jahren wachsen das gemeinsame Fundament und die Erinnerungen, die das Zusammenarbeiten von Jahr zu Jahr schöner machen. Der Gazelle fällt es daher auch schwer, loszulassen, und so kann es mitunter vorkommen, dass der Kontakt zu ehemaligen Kollegen oder Partnern gerne aufrechterhalten wird oder diese Erlebnisse zumindest gedanklich mit weitergetragen werden.

Eine ausgeprägte Gazelle leidet, wenn sie allein sein muss, und so wird ein großes Bestreben darin liegen, möglichst viel gemeinsame Zeit mit den Mitmenschen zu teilen. Am Arbeitsplatz ist das Konzept des Großraumbüros idealtypisch für den Gazellen-Typen. Am schönsten ist es für ihn, wenn alle gemeinsam in einem Raum arbeiten und sich oft treffen, um sich auszutauschen. Ein Meeting, bei dem alle gemeinsam diskutieren und bei dem neben den eigentlichen Themen auch viel Privates ausgetauscht wird, ist das Paradies der Gazelle.

Im häuslichen Bereich liebt es die Gazelle, wenn der Partner, die Kinder, Enkel und Urenkel an einem großen Tisch versammelt sind, und Schüsseln, aus denen sich alle bedienen, auf dem Tisch stehen. Ob am Arbeitsplatz oder zu Hause, in der Herde fühlt sich die Gazelle einfach am wohlsten.

4.1.5   Gazelle und Gesundheit

Gazellen sind tendenziell eher stressanfällig als die anderen Stresstiere. Häufig äußert sich dies in ausgeprägten Magen-Darm-Problematiken oder Kopfschmerzen. Du erinnerst dich wahrscheinlich daran, was die Gazelle als Erstes macht, wenn der Fressfeind kommt. Richtig: Kütteln. Und so ist es auch nicht verwunderlich, wenn der Stress bei der Gazelle, im wahrsten Sinne des Wortes, auf den Magen schlägt.

Herausforderungen in der Zukunft hingegen werden mit Kopfschmerzen quittiert. Der Nachteil ist, dass bei zukünftigen Entscheidungen in einem nicht vertrauten Gebiet wenig auf Erfahrungswerte zurückgegriffen werden kann. Daher macht sich die Gazelle »einen Kopf darüber«, wie die Situation sich wohl gestalten wird. Im Mittelpunkt steht dabei die Frage der sozialen Ablehnung. »Wie werden wohl die anderen auf mich reagieren? Werde ich in die Herde aufgenommen? Was muss ich tun, damit die anderen mich mögen?«

Hilfreich ist es, wenn sich die Gazelle in solchen Situationen mit anderen Menschen austauschen und mit möglichst vertrauten Ritualen beruhigen kann. Insgesamt helfen feste Abläufe und Rituale der Gazelle dabei, gut durch den Alltag zu kommen. Neue Situationen, spontane Herausforderungen und das Gefühl, allein vor einer Aufgabe zu stehen, lösen bei der Gazelle das Gefühl von Unwohlsein und Stress aus.

4.1.6   Das Gazellen-Naturell

Sehr einfach lässt sich das Gazellen-Naturell erkennen: Gazellen-Typen sind sozial engagiert, kontaktfreudig, fröhlich und kommunikativ. Lediglich in neuen Situationen suchen sie oft den Schutz der vertrauten Herde. Sobald sich aber abzeichnet, dass andere Menschen ihnen wohlgesonnen sind, tauen Gazellen schnell auf und widmen sich dem Austausch mit ihnen. Am liebsten umgibt sich die Gazelle mit anderen Menschen und genießt es, wenn alle versammelt sind. Dabei zu sein, ist die halbe Miete. Oft passiert es, dass sie sich zu anderen dazugesellt und sich in die Unterhaltungen einklinkt. Sobald ein vertrautes Lied im Radio läuft, fängt sie an mitzusummen.

Die Empathie und das Gespür für Menschen drücken sich deutlich aus. Vorbilder und geschätzte Menschen dienen ihr dabei als Orientierung. Was diese machen, wird oft imitiert und wertgeschätzt. Ergreift ein Vorbild Partei für etwas, ist die Gazelle sofort dabei, geht es einem vertrauten Menschen nicht so gut, fühlt sich die Gazelle sofort ein.

Das Imitieren von Stimmen und Tonfall ist hierbei auffällig. Deutlich lässt sich das Muster des Imitationseffekts erkennen: Bevorzugt werden Menschen imitiert, die ihr vertraut sind. Eine besonders spaßige Phase hatten wir zu Hause, als meine zweieinhalbjährige Tochter Felina (eine ausgeprägte Gazelle) am Tisch mitbekommen hat, wie Oma beim Essen gesagt hat: »Das mag ich nicht.« »Mag ich nicht« war bei unserer Tochter danach für einige Wochen bei allen Gelegenheiten hoch im Kurs. Interessant zu beobachten war dabei, dass Gesichtsausdruck und Tonfall exakt dem von Oma entsprachen.

Wenn es der Kollegen-Gazelle einmal nicht so gut geht, sucht sie gezielt den Kontakt zu anderen Kollegen und möchte wahrgenommen und getröstet werden. Die Gazelle bemerkt aber auch sofort, wenn ein anderer Kollege nicht da ist, und wird sich direkt nach seinem Wohlbefinden erkundigen. Wenn die Gazelle mitbekommt, dass ein vertrauter Kollege die Abteilung ganz verlässt, ist häufig ein kleines Drama angesagt, weil sie die Herde auseinanderbrechen sieht.

Eine Welt bricht für die Gazelle auch zusammen, wenn sie kritisiert wird oder einmal ein rauerer Ton herrscht. Dann ist oftmals eine große Tränenflut angesagt. Die Gazelle liebt Harmonie und scheut eben Konflikte.

4.1.7   Die Gazelle im Beruf

Im Beruf sieht sich die Gazelle eindeutig als Anwalt des Kunden und der Kollegen. Der Wunsch nach Harmonie und die ausgeprägte Hilfsbereitschaft machen die Gazelle zu einem exzellenten Dienstleister. Wenn das Gegenüber sich wohlfühlt, fühlt sich auch die Gazelle wohl. Am besten spielt die Gazelle im Team. Nicht ein Gegeneinander, sondern ein ausgeprägtes Miteinander im Sinne der Sache ist der ausgeprägte Grundwert, den die Gazelle tief in sich trägt.

Das hohe Kontaktbedürfnis trägt dazu bei, dass die Gazelle häufig als angenehmer Gesprächspartner empfunden wird und das gewisse Etwas im Kontakt mit anderen Menschen bietet. Gerade in beruflichen Situationen, in denen ein direkter Kundenkontakt besteht, macht die Gazelle diesen zum Wohlfühlerlebnis. Derjenige, der mit der Gazelle in Kontakt tritt, bekommt sofort das Gefühl, im Mittelpunkt zu stehen und etwas Besonderes zu sein. Die Gazelle hofiert, ist interessiert und wird, auch rechts und links des eigentlichen Themas, Gesprächsthemen finden.

Wichtig ist es, im Kontakt mit der Gazelle immer wieder auf den Hauptweg zurückzuführen. Im Gespräch schweift sie oft ab und braucht hier eine klare Führung, um zielorientiert voranzukommen. Da das Treffen von Entscheidungen nicht im Fokus der Gazelle steht, kann es hier sehr hilfreich sein, mit Angeboten und Vorschlägen zu arbeiten, um Entscheidungsprozesse zu erleichtern. Der Bezug zu Vergangenem (nach dem Motto »Wie haben wir es in der Vergangenheit gemacht«) kann hier eine gute Hilfestellung sein.

Wenn im beruflichen Kontext Veränderungen anstehen, so kommt es für die Gazelle stark auf die Verpackung an, da Veränderungen für Gazellen in der Regel Hochstresssituationen darstellen. Eine behutsame und beruhigende Vorgehensweise, bei der signalisiert wird, dass die Gazelle nicht allein ist, kann hier Wunder wirken. Eine hilfreiche Formulierung ist zum Bespiel: »Frau Müller, es wird sich im Unternehmen einiges ändern, aber im Prinzip bleibt alles beim Alten. Wir haben in der Vergangenheit schon so viel geschafft, ich bin überzeugt davon, dass wir auch diese Herausforderung gemeinsam meistern werden. Wichtig ist, dass wir im Gespräch bleiben und die Entscheidungen gemeinsam treffen.«

4.1.8   Motivationstipps für die Gazelle

Die besten Motivationsschalter für die Gazelle liegen im gemeinsamen Tun. Sobald sich die Gazelle allein vor einer Aufgabe sieht, sinkt die Motivation rapide. Sicherheit und das Gefühl, in der Gruppe gut aufgehoben zu sein, soziale Anerkennung und viel Kommunikation helfen der Gazelle, motiviert zu bleiben. Sobald Räume geschaffen werden, in der die Gazelle sich als Teil eines Ganzen sehen kann, geht ihr die Arbeit leicht von der Hand. Im Austausch mit den anderen zu sein, dient als zusätzlicher Motivationsfaktor. Das Mantra: »Gemeinsam schaffen wir das, gemeinsam sind wir stark«, gibt der Gazelle den nötigen Antrieb.

Sich allein zu etwas aufzuraffen, fällt der Gazelle tendenziell schwer. Wenn sie aber durch die Gruppe gestützt wird, steigt die Motivation. Konkret bedeutet das, sich mit anderen zu etwas zu verabreden, hilft der Gazelle, ins Tun zu kommen. Wichtig dabei ist der stetige Austausch und die regelmäßige Rückmeldung, auf dem richtigen Weg zu sein.

Die Vernetzung mit anderen Menschen bedeutet der Gazelle viel, in Netzwerken fühlen sich Gazellen daher gut aufgehoben. Teambuilding-Maßnahmen, nettes Beisammensein, anerkennende Worte und das Gefühl, ein wichtiger Teil der Herde zu sein, hält die Gazelle motiviert. Wenn das Umfeld harmonisch ist und alle an einem Strang ziehen, dann ist das ein sehr motivierendes Umfeld für die Gazelle. Teamwork und Gruppenarbeit liegen der Gazelle von Natur aus.

Dabei sollte nicht nur die Aufgabe im Mittelpunkt stehen, sondern genauso bedeutend ist das soziale Miteinander. Ein schönes Pläuschchen in der Kaffeeecke, viel Lob und gute Vernetzung sind der Gazelle wichtig. Führungspositionen sind motivational suboptimal. Besser funktionieren das Zuarbeiten und die Entscheidung aus zweiter Reihe bzw. gemeinsam im Verbund. In Entscheidungen und Abläufe eingebunden zu sein, bedeutet der Gazelle wesentlich mehr, als im Mittelpunkt zu stehen. Ein direkter Ansprechpartner und Events, in denen die Gruppe gemeinsam etwas tut, helfen der Gazelle dabei, Entscheidungen zu treffen.

Um Entscheidungen zu treffen, sind für die Gazelle Referenzwerte wichtig. Wenn wir einmal in den Bereich des Change-Managements schauen, sind Aussagen wie: »Firma Meier hat vor einiger Zeit auch einen ähnlichen Change-Prozess vorgenommen. Die Mitarbeiter dort sind ganz begeistert von den Vorteilen und dem wachsenden Zusammenhalt in der Firma.«, oder: »Schon 80 Prozent der Unternehmen in unserer Branche haben erfolgreich ähnliche Prozesse angestoßen. Damit werden auch wir Teil der Familie von modern aufgestellten Firmen.« Oder auch: »Seitdem der Change-Prozess in unserer Firma konkreter wird, verbringen wir viel mehr Zeit miteinander und haben viele neue Gesprächsthemen. Ich habe das Gefühl, dass dies unser Team noch einmal stärken wird«, sowie: »Zur Begleitung unseres Change-Prozesses haben wir uns einen Berater mit 20-jähriger Erfahrung ins Haus geholt. Hunderte von Mitarbeitern haben sich bereits positiv zu seiner Arbeit geäußert« – alles maßgeschneiderte Dialogsätze für den Gazellen-Typ.

Tolle Motivationsanker können Teamveranstaltungen oder ein schönes Essen mit der Geschäftsführung sein.

Arbeitshilfen online

Einen Steckbrief zum Stresstier® Gazelle finden Sie auf www.haufe.de/
arbeitshilfen.

4.2 Der Löwe

Wenn ich mit unseren Kindern Jendrik und Felina in den Zoo gehe, dann zieht es mich insbesondere zu einem Gehege: zu den Löwen. Meine Hoffnung ist, dass wir Action sehen. Den König der Tiere in voller Performance! Meine Neugier steigt, sobald wir den Zoo betreten. Ich sehe schon die staunende Erwartung meiner Kinder in den Augen. »Wow, was für ein mächtiges und spannendes Tier!« Wir betreten den Zoo. Gehen vorbei an den Nasenbären, den Pferden, Elefanten und Nashörnern und da ist es schon. Das Löwenhaus. Voller Spannung öffne ich die Tür, stelle mich schon mal schützend an die Seite meiner Kinder und wir nähern uns vorsichtig der großen Glasscheibe, hinter der sich das Spektakel gleich abspielen wird. Noch zehn Meter, ich bereite meinen Sohn schon mal darauf vor, dass er gleich etwas Gigantisches sehen wird. Meine Tochter bekommt große Augen und drückt sich noch näher an mich. Fünf Meter, wir halten gemeinsam den Atem an. Jetzt, in diesem Augenblick, gibt unsere Position den Blick auf die große Glasscheibe frei. Und da ist er, der mächtige Löwe, König der Tiere und … pennt. O. K., zurück zu den Nasenbären, die sind spannender.

Ich weiß nicht, wie oft wir diese Choreografie schon wiederholt haben, und dennoch hoffe ich jedes Mal, die Löwen in Aktion zu sehen. Bei meinen heimlichen Recherchen, die ich angestellt habe, um die Wahrscheinlichkeit zu erhöhen, die Löwen in Aktion anzutreffen, wurde ich jedoch enttäuscht. Dort war zu lesen, dass Löwen bis zu 20 von 24 Stunden schlafen und dösen. Das ist übrigens in der freien Wildbahn ähnlich wie im Zoo. Die einzige Möglichkeit, mal ein paar Minuten Löwenfeeling zu erleben, ist wohl die Fütterungszeit, die ich allerdings noch für ein bisschen zu brutal für meine beiden Schnuckies halte, oder die Fortpflanzung, welche im Schnitt zwei Minuten dauert, was das Timing schwierig macht und zudem nicht jugendfrei ist.

Bei unserem menschlichen Löwen spielt das Zwischenhirn eine große Rolle. Und in diesem Zwischenhirn, du hast es in Kapitel 2 »Ein Blick ins Gehirn« bereits gelesen, spielt das Hormon Adrenalin eine große Rolle. Adrenalin ist auch als das sogenannte Wettkampfhormon bekannt und wird fälschlicherweise landläufig als das einzige Stresshormon wahrgenommen. Besonders viel von diesem Hormon wird zum Beispiel ausgeschüttet, wenn wir mit einer Achterbahn fahren oder Bungee-Jumping machen.

Ich habe eine ganze Zeit lang als Trainer im Vertrieb gearbeitet und konnte an dieser Stelle rudelweise menschliche Löwen in freier beruflicher Wildbahn beobachten. Das

Spiel war immer dasselbe. Die sogenannten »Rennlisten« boten den größten Ansporn für die Vertreter dieses Stresstieres. Bei Rennlisten geht es darum, in Vergleich zu anderen gesetzt zu werden und das Ziel ist es, auf Platz eins zu kommen. Mal geht es um Abschlüsse, dann in einem anderen Zeitraum um Summen oder die meisten Kundenkontakte. Egal, um was es geht: Das Wichtigste für den Löwen ist es, auf Platz eins zu sein.

Das Verhalten, welches sich allerdings in diesem Zeitraum abgespielt hat, war absolut faszinierend. Nach dem Motto: »Ein guter Löwe springt nicht höher, als er muss«, wurden die kreativsten Techniken erfunden, wie sich das Ziel mit möglichst wenig Aufwand erreichen lässt. Da wurden schon mal Verträge aus dem Vormonat wieder hervorgezaubert, die speziell für diesen Zweck aufbewahrt wurden, oder andere Wege gesucht, die nur einem Ziel dienten: 20 von 24 Stunden schlafen und erst im richtigen und meist letzten Moment aktiv werden zu müssen. Dies führte auch oftmals dazu, dass kurz vor Monatsende plötzlich die Löwen, die ihr Ziel noch nicht erreicht hatten, für die Jagd aufstanden. Dabei wurde dann innerhalb von wenigen Tagen so viel Energie an den Tag gelegt, dass es verteilt für ein komplettes Jahr gereicht hätte.

Dasselbe Verhalten ließ sich auch an anderen Stellen beobachten. Schulungen waren generell aus Sicht des Löwen-Typen immer überbewertet. Aber wenn das Wissen für die Jagd gebraucht wurde, dann mussten alle Hebel in Bewegung gesetzt werden und alle parat stehen, um die Jagd zu unterstützen. Nach dem erfolgreichen Erlegen der Beute stand dann nur noch eins im Mittelpunkt: der erfolgreiche Löwe! Neben dem selbst verliehenen Lorbeerkranz und mannigfaltigem Eigenlob stiegen das Selbstbewusstsein und die ungefragte Anteilnahme daran auf ein Maximum.

Löwen haben große Reviere und neben der Jagd spielt das Markieren dieser Reviere ebenfalls eine große Rolle. Vielleicht hast du schon einmal eine Situation gemeinsam mit einem menschlichen Löwen erlebt. Mir ist das neulich im Flieger passiert. Der Löwe stand schon vorm Boarding auffällig pirschend vor dem Gate und konnte es kaum erwarten, hereinzustürmen. Das Handy am Ohr und trotzdem in einer Lautstärke, als würde er dem Gesprächspartner auf Entfernung zurufen müssen; es bestand keine Chance, dem Gespräch nicht zu lauschen. Daher hier ein kleiner Auszug: »Ja, Peter, pass auf, ich habe mit dem Oberboss gesprochen. Die wussten auch nicht, woran es liegt, aber ich habe den Fehler jetzt gefunden. Ja, pass auf, ich bin grad auf dem Weg in den Flieger, du musst jetzt alle Hebel in Bewegung setzen. Dass ist mir egal, dass du gleich Feierabend hast. Du musst jetzt sofort den Schmidt anrufen und ihm sagen, dass er die gesamte Mannschaft mobilisieren muss. Ich weiß, wo der Fehler ist. Ja, das Budget musst du halt freigeben lassen. Du hast doch die Handynummer vom Chef. Ruf ihn halt zu Hause an und sag ihm, dass ich jetzt weiß, wo der Fehler liegt. Ja, genau, außer mir hat's mal wieder keiner gesehen.«

Das Gespräch setzte sich mehrere Minuten fort. Der Löwe hatte sich über drei Sitze ausgebreitet und die Kabinencrew Mühe, mit ihren Sicherheitsanweisungen das Telefonat des Löwen zu übertönen. Nachdem die Maschine langsam losgerollt war, wies eine freundliche Stewardess den Löwen darauf hin, dass das Telefonieren jetzt eingestellt werden sollte. »Das weiß ich selbst«, fuhr der Löwe die Stewardess an, »noch 10 Sekunden! Peter, hast du verstanden, was ich dir gesagt habe? Du musst das jetzt in die Wege leiten. Ja, ist super wichtig und wir starten jetzt. Ja, ich ruf dich sofort an, sobald wir gelandet sind, und ruf den Schmidt an!« Ende des Telefonats. Es folgte umgehend eine klare Anweisung an die Stewardess: »Kann ich wohl mal ein Wasser bekommen!«

Das Verhalten des Löwen wirkt in den Jagdphasen auf Außenstehende sehr robust und oft verschreckend. Der Ton, den der Löwe in diesen Phasen anschlägt, ist befehlend und laut. Es gibt kein vielleicht, sondern lediglich ein »Entweder – oder«. Auffällig sind die Alpha-Gesten, die der Löwe an den Tag legt. Sie dienen der Reviermarkierung und lassen keine Zweifel zu. Unter Alpha-Gesten ist alles zu verstehen, was raumgreifend ist, z. B. breites Stehen oder Sitzen, ausladende Gesten, Ablegen von Gegenständen auf Plätzen und Ähnliches. Auch wird oft durch Lautstärke markiert. Lautstarkes Sprechen, überzogenes Lachen, Telefonieren mit einem Stimmvolumen, als gäbe es kein Morgen, sind ebenfalls raumgreifend auf der akustischen Ebene.

Die dritte mögliche Ebene stellt die Zeit dar. Da wir Zeit ebenfalls räumlich abbilden, gilt auch hier die Regel: »Wer mehr davon in Anspruch nimmt, ist das Alphatierchen.« Dementsprechend kann es passieren, dass der Löwe gerne und selbstverständlich die Zeit anderer in Anspruch nimmt, Delegieren fällt ihm leicht. Ins Wort zu fallen und ungefragt Redeanteile zu übernehmen, gehört zur Tagesordnung. Andere warten zu lassen, kann ein beliebtes Löwenspiel sein. Da sich das Verhalten beim Löwen vornehmlich in den Jagdzeiten abzeichnet, kann das auf das Umfeld sehr irritierend wirken, denn während der Ruhephasen ist der Löwe eine große Katze und handzahm.

Auf andere Stresstiere wirkt der Löwe oftmals aggressiv und ungehalten. Stell dir vor, du befindest dich in einem Kaufhaus und bummelst nichts Böses ahnend in Richtung Kasse. Dort wirst du Zeuge eines interessanten Schauspiels. Ein Mann steht mit hochrotem Kopf vor der Kassiererin und schreit sie an, warum sie seine Payback-Punkte nicht gutgeschrieben hat. Er verlangt sofort nach dem Geschäftsführer und ihn interessiert es nicht, dass hinter ihm noch 20 andere Kunden warten. Ohne die Antwort abzuwarten, droht er mit einer schlechten Google-Rezension und seinem Anwalt wegen unterschlagener Payback-Punkte. »Diesen Saftladen werde ich nie wieder betreten. Auf mich werden Sie als Kunde demnächst verzichten müssen. Ich verlange, dass das sofort geregelt wird, vorher gehe ich hier nicht weg«, hörst du schon auf weite Entfernung. Als die Verkäuferin die Situation löst, indem sie in ruhigem und freundlichem Ton sagt: »Dazu müssten Sie mir bitte einmal Ihre Payback-Karte geben«, wird er handzahm und verwandelt sich in den freundlichsten Kunden der Welt. Statt eines »Dankeschön« und einer Entschuldigung hörst du ihn noch sagen: »Ach so, ja also, geht doch.« Und schon dreht er sich um und pirscht seiner Wege bis zum nächsten Kampf.

4.2.1   Bedienungsanleitung für den Löwen

Der Löwe ist der König der Tiere. Er beansprucht ein großes Territorium für sich und wirkt in den Phasen, in denen er döst, verschmust und träge. Doch in den Wachphasen bekommt man die Power des mächtigen Steppentieres zu spüren. Dann geht alles sehr schnell und die brutale Seite der großen Katze kommt zum Vorschein. Genauso verhält sich auch der menschliche Löwe. Besitzansprüche und Reviere werden deutlich markiert und es gilt äußerste Vorsicht dabei, diese Grenzen zu verletzen. Denn dann wird der Löwe hellwach und sein Jagdinstinkt wird geweckt.

Es gibt mehrere Arten von Territorien, in denen wir Menschen uns bewegen. Diese Territorien bewegen sich im Bereich der begrenzten Ressourcen. Diese umfassen zum einen den Raum (Platz ist endlich), die Akustik (Lautes überlagert Leises), das Geld (Mehr sticht Weniger) und die Zeit, da diese in unserem Gehirn auch räumlich verankert wird. Wie oben bereits angesprochen, haben wir keine eigene Zeitvorstellung, sondern repräsentieren Zeit auch in einem Raumsystem.

! Der Zeitstrahl

Dies kannst du zum Beispiel im Mathematikunterricht sehen, wo mit einem Zeitstrahl gearbeitet wird. Die Vergangenheit ist links und die Zukunft ist rechts. Auch wenn du Menschen bittest, eine Situation in der Vergangenheit räumlich einzuordnen, dann zeigen sie entweder nach links oder nach hinten, je nachdem, wie sie auf dem imaginären Zeitstrahl stehen. Bei einer Vorstellung über die Zukunft hingegen ist die Richtung rechts oder vorne.

All diese Territorien grenzt der Löwen-Typ klar für sich ab.

In einem meiner Seminare hatte ich eine Löwendame, bei der dieses Verhalten recht offensichtlich zum Vorschein kam. Das Seminar hatte bereits begonnen und wir waren mitten in der Vorstellungsrunde. Plötzlich fliegt die Tür auf, eine Dame mit einer riesigen Louis-Vuitton-Handtasche, in der man bequem ein ganzes Büro hätte unterbringen können, betritt auffällig den Raum, die Tür fliegt lautstark ins Schloss und die Gruppe wird begrüßt mit den Worten: »Ich bin da, wir können anfangen.« Während die anderen Teilnehmer die Großkatze irritiert anschauen, schreitet diese unbeirrt durch den Raum, setzt sich breit auf einen freien Stuhl, zieht einen zweiten heran, auf der sie ihr Taschenmonster platziert, zieht einen dritten Stuhl heran, legt ihren Arm auf dessen Rückenlehne ab und fragt in die Runde: »So, und was machen wir jetzt?« Doch bevor jemand antworten kann, klingelt ihr Handy. Sie geht ran und fährt den Anrufer an: »Das geht jetzt nicht, ich bin im Seminar!« – Willkommen in der Höhle des Löwen.

Am Wohlsten fühlt sich der Löwe, wenn seine Revieransprüche anerkannt werden und er königlich behandelt wird. Mit einem VIP-Status und der Vorzugsbehandlung kannst du den Löwen glücklich machen und ihm Respekt zollen. Solltest du nicht von dir heraus darauf kommen, wird der Löwe sein, ihm in seiner Welt zustehendes, Recht einfordern. Was rechts und links von ihm passiert, ist dem Löwen in diesem Fall egal.

Löwen messen sich zudem gerne, um zu schauen, wer der Stärkere ist. Es kann passieren, dass sie diese Wettkämpfe auch mit Menschen austragen, die nicht dem Löwen-Typus angehören. Dieses Messen folgt keiner rationalen Spielregel, sondern hier geht es ausschließlich darum, sich zu behaupten und auszufechten, wer der Stärkere ist. Die Wahl der Mittel folgt dabei stets dieser Grundregel. Um das Löwenspiel zu gewinnen, braucht es daher Durchhaltevermögen und Standing. Wer das Territorium des Löwen verletzt, muss damit rechnen, dass der Löwe dieses vehement verteidigen wird.

Löwe Ludwig !

Ich erinnere mich gerne zurück an einen Workshop, welchen ich mit meiner lieben Kollegin Helga gegeben habe. Helga, klein, fröhlich und Hamburger Schnauze, trug an diesem Tag einen kurzen Rock. Dieses Detail sei hier erwähnt, um den weiteren Verlauf zu verstehen. Da wir uns in einem Persönlichkeitsseminar befanden, haben wir die Teilnehmer zur Beobachtung unter uns aufgeteilt, um jedem Teilnehmer bei den Lernangeboten einen maximalen Mehrwert zu bieten. In unserem Seminar befand sich ein ausgeprägter, männlicher Löwen-Typ – Ludwig. In einer Vorahnung bat ich Helga darum, dass er mir zugeteilt wurde, wobei Helga kein Problem darin sah und ihn auch übernommen hätte. Da Löwen-Typen, wie du bereits gelesen hast, Reviermarkierung unter anderem durch extrem breitbeiniges Sitzen demonstrieren, hielt ich die Vorgehensweise aufgrund der Bekleidungssituation definitiv für zielführender. Da saß ich also gegenüber meines Schützlings Ludwig. Dieser, in entspannter Haltung, eher im Stuhl liegend als sitzend, mit im 90-Grad-Winkel gespreizten Beinen, die Arme locker hinter dem Kopf verschränkt. Die Aufgabe war es nun, auf unbewusster Ebene einen Territorialkampf auszufechten. Also fläzte ich mich ebenfalls in meinen Stuhl, brachte meine Beine in besagte 90-Grad-Stellung (was sämtliche Bänder in den Oberschenkeln sofort mit einem Alarmsignal quittierten, weil dies definitiv nicht meiner natürlichen Sitzhaltung entspricht) und verschränkte die Arme mehr oder weniger locker hinter dem Kopf. Auch ich nahm nun ein gigantisches räumliches Territorium ein.
Ludwigs Unterbewusstsein registrierte dies sofort und er machte sich noch breiter, indem seine Beine nun noch ein ganzes Stück weiter auseinanderdrifteten. Mühevoll, Zentimeter für Zentimeter, brachte ich meine Beine ebenfalls in diese Position und kämpfte mich nun millimeterweise dahin, noch ein Stückchen mehr Raum einzunehmen. Meine Bänder und Sehnen erreichten nun Dehnungsmaßstäbe, die sie bisher so nicht kannten, und verstärkten diese Nachricht an mich. Endlich aber hatte ich es geschafft und nahm das größere Territorium ein. In diesem Augenblick war etwas Faszinierendes zu beobachten. Sofort überließ mir mein Löwe Ludwig das Revier, indem seine Beine zusammenwanderten, er sich aufrecht auf seinen Stuhl setzte und die Hände in den Schoß legte. Diese Runde ging an mich.

4.2.2 Die Sprache des Löwen/Sprichworte

Die Sprache des Löwen ist die Sprache des fordernden Tuns. Das Revierverhalten und den Anspruch als König der Tiere finden sich auch in der Sprache des Löwen wieder. Die Sprechlautstärke dieser Stresstier®-Spezies hebt sich deutlich von denen der anderen Stresstiere ab. Eine raumgreifende Stimme ist eben auch eine Art von Reviermarkierungsverhalten. Wenn ein Löwe im Raum ist, bleibt das von den anderen Anwesenden nicht unbemerkt. Der Löwe neigt zu einer stark Ich-bezogenen Sprechweise. Kurze und prägnante Sätze, häufig im gefühlten Befehlston, zeichnen die Sprache des Löwen aus. Die Zeitform, in der ein Löwe kommuniziert, ist das Jetzt. »Schnell« und »sofort« sind Worte, die vermehrt in seinem Sprachgebrauch vorkommen. Häufig wirkt die Sprache prahlerisch und geizt nicht mit Superlativen. »Das Größte«, »das Beste«, »das Einzigartige« ist das, was den Löwen-Typen auszeichnet.

Was auf jeden Fall auch ins Ohr fällt, ist ein recht derber Sprachgebrauch. Wenn zotige Bemerkungen oder Witze im Raum sind, so stammen sie häufig von diesem Tiervertreter. Das Miteinandermessen findet sich ebenfalls in der Sprache wieder. Teilweise kann die Löwensprache leicht aggressiv oder angriffslustig wirken. Eines der am häufigsten verwendeten Worte ist wie bereits angesprochen: »Ich.« In der Kombination mit »habe« und »kann« und der Ergänzung durch Superlative werden die Aussagen des Löwen oftmals als provokant oder arrogant wahrgenommen.

Wenn jemand versucht, den Sprechanteil des Löwen streitig zu machen, führt das in der Regel dazu, dass die Lautstärke erhöht wird oder der Gesprächspartner unterbrochen wird, um dem eigenen Redeanteil Raum zu geben. Der Löwe liebt auch in der Kommunikation den Kampf. Dies findet Ausdruck darin, dass stellenweise ein sehr provokativer Sprachstil gewählt wird oder Gesprächspartner durch grenzwertige Äußerungen herausgefordert werden.

Bei Diskussionen gibt es beim Löwen, wie in anderen Bereichen auch, wenig Mittelmaß und Grauzonen. Die Welt des Löwen zeichnet am ehesten Schwarz-Weiß. Oftmals findet eine schnelle Einordnung in Gut (das entspricht meinen Spielregeln und meiner Meinung) und Schlecht (das entspricht nicht meinen Spielregeln und meiner Meinung und ist deshalb nicht in Ordnung) statt.

Statt Meinungsverschiedenheiten auszudiskutieren, versucht der Löwe am ehesten, anderen Menschen seine Meinung aufzudrängen. Da dieses Verhalten mitunter sehr anstrengend sein kann, kann es in der Realität vorkommen, dass sich Gesprächspartner um des lieben Friedens willen der Meinung des Löwen fügen.

Wenn du mit einem Löwen kommunizierst, ist es wichtig, dass du ihm das Gefühl des Besonderen vermittelst und eine jetzt-orientierte Sprache verwendest, die Aktion vermittelt. Ein Satz, der den Löwen anspricht, kann wie folgt aussehen: »Herr Löwe, selbstverständlich werde ich für Sie sofort alle Hebel in Bewegung setzen, damit das Problem umgehend gelöst wird!«

Sprichworte, die die Denkweise des Löwen widerspiegeln !

Wenn jeder an sich denkt, ist an alle gedacht. (Unbekannt)

Wer sich auf andere verlässt, der ist verlassen. (Deutsches Sprichwort)

Und am Ende musste ich es wieder richten. (Unbekannt)

Ein gutes Pferd springt nicht höher, als es muss. (Georg Leber)

Traue niemandem, außer dir selbst. (Unbekannt)

Um Erfolg zu haben, brauchst du nur eine einzige Chance. (Jesse Owens)

Ich bin da, es kann losgehen. (Eine Seminarteilnehmerin)

4.2.3 Der Löwe im Alltag

Löwen nehmen ihren Alltag aus einer sehr eigenzentrierten Art und Weise und vollkommen im Hier und Jetzt wahr. Seine Leitsätze »Was schert mich mein Geschwätz von gestern« und »Warum heute schon über morgen nachdenken« grenzen sprichwörtlich den zeitlichen Wahrnehmungshorizont des Löwen ab.

Der Alltag des menschlichen Löwen gestaltet sich ähnlich wie der des Löwen in der freien Wildbahn. Du erinnerst dich, eine Mischung aus Dösen und Jagen. Zu einem Großteil der Zeit wirkt der Löwe ruhig und ausgeglichen. Er genießt es, zu faulenzen und einfach mal nichts zu tun. Wenn es um anstehende Aufgaben geht, kann beim Löwen eine »Das hat auch Zeit bis morgen«-Mentalität auftreten. Löwen sind Genießer und lieben es, es sich gut gehen zu lassen. Morgens einen schönen Espresso im Café, dann schön Mittagessen gehen beim Lieblingsitaliener, ein gemütliches Gläschen Wein und netten Menschen von den eigenen Erfolgen erzählen am Abend – das ist nach dem Gusto des Löwen. Besonders genießt der Löwe hier die vertrauten Reviere. Zum Beispiel der Lieblingsitaliener, zu dem er jetzt schon viele Jahre geht und der ihn vertraut begrüßt, ihm natürlich den besten Platz gibt und ihn selbstverständlich noch auf ein besonderes Dessert auf Kosten des Hauses einlädt. Lautstark wird sich ausgetauscht und der Lieblingsitaliener hört sich, voller Bewunderung, die neuesten Erfolgsgeschichten des Löwen an.

Doch es gibt auch die andere Seite des Löwen. Wenn der Löwe entscheidet, dass es Zeit ist, zu jagen, dann sollte man ihm besser nicht in die Quere kommen. In diesem Moment ist oftmals blinder Aktionismus angesagt. Alles muss schnell und sofort gehen und der Befehlston übernimmt die Oberhand. Der Löwe erwartet, dass nun alle anderen für ihn springen und ihre eigenen Aufgaben liegenlassen, damit er delegieren kann. Für das Aufgabenverteilen hat der Löwe ein besonderes Händchen. Er ist derjenige, der gerne die Fäden in der Hand hat und andere für sich arbeiten lässt. Wenn es nicht schnell genug geht oder jemand nicht sofort zur Stelle ist, fällt er beim Löwen in Ungnade.

Gerade dieses Wechselspiel aus ruhigen Phasen und Phasen der Jagd macht den Löwen von außen schwer einschätzbar. Das, was gerade noch Zeit bis morgen hatte, kann von jetzt auf gleich zu einem dringenden Thema werden und muss dann auch sofort angegangen werden. Die Hektik, die der Löwe in den Jagdphasen verbreitet, führt zu einer meist angespannten Stimmung, gerade weil sie im extremen Kontrast zu den Ruhephasen steht.

4.2.4   Der Löwe im Kollegenkreis und in der Partnerschaft

Jeder Löwe hat ein eigenes Rudel. Für sein Rudel tut der Löwe alles. Er beschützt das Revier, er sorgt für die Nahrung und er achtet darauf, dass es dem Rudel gut geht. So ist es auch bei unserem menschlichen Löwen. Der Löwe wird alles daransetzen, dass es seiner Abteilung und seiner Familie gut geht und seine Liebsten gut versorgt sind. Er kümmert sich liebevoll und ausdauernd um die ihm Nahestehenden. Es gelten im Löwenrudel allerdings auch strenge Spielregeln. Der Löwe ist das Oberhaupt des Rudels und alle haben sich seinen Regeln zu fügen. Er ist das Alphatier und duldet keine anderen Alphatiere neben sich. Dies findet auch Ausdruck im menschlichen Umgang miteinander. Wenn der menschliche Löwe eine Spielregel setzt, dann ist diese ein Gesetz. Wer dagegen verstößt, handelt sich Probleme ein.

Der menschliche Löwe bestimmt gerne und zeigt sich wenig kooperativ, wenn jemand anders versucht, eine eigene Meinung zu platzieren. Kollegen oder Familienmitglieder, die es wagen, gegen die Spielregeln des Löwen zu verstoßen, werden schnell in ihre Schranken verwiesen. Hier zeigt der menschliche Löwe ein klares Dominanzverhalten. Wie im Tierreich auch möchte der Löwe als König behandelt werden. Gerne hört er es, wenn andere wohlwollend über ihn reden und ihm das Gefühl geben, dass er das Oberhaupt ist. Gerade wenn es einen weiteren Löwen im Umfeld gibt, kann dies zu Herausforderungen führen, da an dieser Stelle oft interne Revierkämpfe ausgetragen werden. Der Löwe ist derjenige, der die Ordnung innerhalb der eigenen Gruppe aufrechterhält. Er kann allerdings auch als männlicher oder weiblicher Pascha auftreten, denn der Löwe hat eine Neigung, seine Mitmenschen zu bevormunden. Dies alles geschieht in der positiven Annahme: »Ich weiß, was für dich gut ist.«

Auch vom Aktionismus her bringt ein Löwe phasenweise eine gewisse Unruhe in die Abläufe. Da er kein geregeltes Aktionsverhalten an den Tag legt, erwartet er von allen anderen, dass sie mitziehen, wenn er aktiv ist. Bei regelmäßig anfallenden Arbeiten klinkt er sich aber auch gerne mal aus, wenn man ihn gerade in einer Ruhephase erwischt. Das Zusammenarbeiten mit dem Löwen stellt daher eine gewisse Herausforderung dar. Bei Meinungsverschiedenheiten kann der Löwe laut, aggressiv und rechthaberisch wirken, ohne sich dessen so recht bewusst zu sein. Auf der anderen Seite zeigt er dann wieder seine »kuschelige« Seite.

Es gibt für Löwen wenig Mittelmaß. Das Zusammenarbeiten oder Zusammenleben mit einem Löwen bedeutet zum Teil ein Leben in Extremen. In der (Arbeits-)Beziehung neigen gerade Löwen-Typen zu extremer Eifersucht. Sollte sich jemand anders dem Revier nähern, so wird er teils gnadenlos »weggebissen«. Im Löwenrevier sind all diejenigen unerwünscht, die dem Löwen die Rolle als Alphatierchen streitig machen. Andersherum nimmt der Löwe sich Freiheiten heraus, die er den anderen nicht zugesteht nach dem Motto: »Was mir zusteht, steht dir noch lange nicht zu.« Hier gibt es eine klare Rollenverteilung. Löwen sind zudem oft nachtragend. Wenn jemand nicht nach den Spielregeln des Löwen spielt, kann es sein, dass er dies noch nach Jahren auf das Brot geschmiert bekommt.

Die Kollegen und Partner des Löwen werden, je nachdem was sie selbst für ein Typ sind, unterschiedlich behandelt. Löwen-Kollegen, gerade wenn sie noch unerfahren sind, sind die Lieblingskandidaten des Löwen. Dies gilt auch für Löwenkinder. In ihnen findet er sich am ehesten selbst wieder. Sie werden gefordert und gefördert und machen den Löwen stolz, wenn sie Leistung bringen. Hier kann es lediglich dann zu Herausforderungen kommen, wenn diese erfolgreicher werden und irgendwann dem Oberlöwen das Revier streitig machen. Bei Auseinandersetzungen zwischen Löwen fliegen die Fetzen, bis die Rangordnung geklärt ist. Es kann sein, dass an diesen Stellen öfter einmal Reibereien entstehen.

Gazellen-Kollegen oder -Partnern gibt der Löwe das Gefühl von Stabilität und Sicherheit, da er genau die Parts abdeckt, die die Gazellen von sich heraus nicht so gut beherrschen. Er kämpft für sie und sichert das Revier. Er bietet einen festen Anlaufpunkt und strahlt oftmals ein immenses Selbstbewusstsein aus. Der Löwe liebt es, wenn seine Gazellen ihn bewundern, und fühlt sich dabei rundum wohl. Im Umkehrschluss tut der Löwe alles dafür, damit es seinen Gazellen gut geht.

Affen-Kollegen oder -Partner sind für den Löwen am schwersten nachvollziehbar. Die zurückgezogene, nachdenkliche Art interpretiert der Löwe als Schwäche. Er wird regelmäßig an seine Grenzen kommen, da es für ihn schwer ist, die Affen mit seiner Art zu erreichen. Gerade durch sein direktes und dominantes Vorgehen kann es hier passieren, dass die Affen sich noch mehr in sich zurückziehen und der Konfrontation aus dem Weg gehen. Da die Affen zudem nicht sehr offensiv nach außen kommunizieren, unterstellt der Löwe hier mangelnde Wertschätzung für seinen Einsatz. Das dabei in ihm auftretende Gefühl, dass das Gegenüber undankbar ist, kann dann zu Spannungen führen.

4.2.5   Löwe und Gesundheit

Der Löwe neigt am ehesten dazu, nicht gut mit seinen Kräften hauszuhalten. Oftmals geht er durch spontanes Tun an die Grenzen seiner Belastbarkeit. Wenn ein Thema für ihn interessant ist, werden sofort alle Energiereserven freigesetzt. Dies führt dazu, dass es innerlich zu großen Anspannungszuständen kommen kann. Diese Tierspezies neigt am ehesten zu allen Formen der Verspannung, wenn die Energie nicht herausgelassen werden kann. Diese Verspannungen können sich durch den gesamten Organismus ziehen und zum Beispiel auch auf die inneren Organe wirken. Verstopfungen sind beispielsweise eine Auswirkung dieser Verhaltensweise. Zudem ist der Löwe der klassische Kandidat für Bluthochdruck und Herzinfarkte. Oftmals auch bedingt durch einen ungesunden Lebensstil, da der Löwe wenig zukunftsorientiert ist und eher das Leben im Hier und Jetzt genießt.

Dem Löwen tut es gut, in Stresssituationen die Energie herauszulassen. Sich richtig auszupowern kann dem Löwen schnell Ausgleich verschaffen. Bei klar ausgeprägten Löwen-Typen kommt das Gefühl der Befriedigung erst dann, wenn der Akku leer ist und er das Gefühl hat, sich bis an die Grenze ausgelastet zu haben.

4.2.6   Das Löwen-Naturell

Löwen sind Kämpfernaturen. Vom Naturell her können sie oftmals unberechenbar wirken und von einem Extrem ins andere umschalten. Sind sie den einen Augenblick noch ruhig und kuschelig, so landen sie von jetzt auf gleich in einem Wutanfall, wenn irgendetwas nicht nach ihrem Geschmack läuft. Das »Ich will jetzt« ist häufig am ehesten beim Löwen zu finden. Sollte ihrem Wunsch nicht nachgegangen werden, kann es sein, dass er sich lautstark und beleidigt zeigt, um sein Recht einzufordern. Bekommen Löwen nicht genug Beachtung, so fordern sie diese massiv ein. Gerade bei engen Kollegen oder in Gruppen setzen Löwen alles daran, im Mittelpunkt zu stehen. Jegliche Form von Benachteiligung oder das Gefühl, an zweiter Stelle zu stehen, setzen in Löwen alle Energiereserven frei.

Löwen sind wie bereits erwähnt nicht zimperlich im Umgang mit anderen. Verbale oder körperliche Vergleiche mit anderen sind an der Tagesordnung, ebenso ein lauter Stimmgebrauch und oftmals Kraftausdrücke. Wenn es um die Motivation von Löwen geht, findet sich auch hier das klassische »Auf den letzten Drücker«-Verhalten wieder. Wenn es nicht genug Anreiz gibt oder das Ziel zu weit weg erscheint, fällt es dem Löwen schwer, sich in Bewegung zu setzen.

Ein beliebtes Spiel ist es für ihn, die Grenzen bis zum Maximum auszutesten. Das kann die Vorgesetzten und Partner von Löwen durchaus an die Grenzen der Verzweiflung bringen, da sich der Löwe an dieser Stelle nur schwer einfangen lässt. Allerdings sind es auch die Löwen, die sich jederzeit aus scheinbar ausweglosen Situationen herauskämpfen können. Löwen sind wahre Kämpfernaturen von frühen Kindesbeinen an. Wenn ihnen ein Ziel erstrebenswert erscheint, dann werden sie alles daransetzen, um es zu erreichen. Löwen sind allerdings auch Minimalisten und werden wahrscheinlich nur so viel Energie in ein Ziel setzen, dass es erreicht wird. Etwas über das Notwendige hinaus zu tun, gehört nicht zu ihrem Spezialgebiet.

4.2.7   Der Löwe im Beruf

Da der Löwe sich am wohlsten fühlt, wenn er mit anderen im Wettkampf stehen kann, ist das Miteinandermessen die Königsdisziplin des Löwen. Allerdings hat der Löwe, wie bereits erwähnt, eine Tendenz dazu, Dinge auf den letzten Drücker zu erledigen. Wenn der Druck steigt, steigt auch die Spannung des Wettkampfs. Ziele, die kontinu- ierlich und langfristig zu verfolgen sind, entsprechen am wenigsten dem Naturell des Löwen. Das führt im beruflichen Kontext häufig dazu, dass der Löwe lange Zeit unmo- tiviert erscheint und dann, wenn seine Zeit gekommen ist, alles plötzlich sehr schnell gehen muss. Dann ist der Löwe in seinem Element.

Plötzlich müssen dann alle Hebel in Bewegung gesetzt werden, um das Ziel zu erreichen. Ob Kollegen selbst Aufgaben zu erledigen haben, ist dem Löwen in diesem Moment egal. Wenn der Löwe in Aktion kommt, dann erwartet er, dass alle für ihn bereitstehen, um das Ziel zu erreichen. Die Vorgehensweise dabei ist teils brachial. Anrufe und Ansagen im Befehlston häufig mit den Worten »du musst« und »sofort« können unangenehm wir- ken und die Kollegen unter Druck setzen. Teamarbeit ist daher dem Löwen eher fremd. Das eigene Ziel zu erreichen, ist das, was im Fokus des Löwen steht. Der Löwe ist also kein optimaler Partner für kontinuierliche Aufgaben, Routinearbeiten oder Teamwork, die Stärke des Löwen liegt im phasenweisen Arbeiten.

Erfolge schreibt er sich gern selbst zu, auch wenn ein ganzes Team mit Arbeitsleis- tung und Know-how dahintersteckt. Gerade im gemeinsamen Tun duldet der Löwe keine Schwäche und trägt dies auch gerne offen zur Schau. Bissige Kommentare oder Anmerkungen unterhalb der Gürtellinie sind im Umgang miteinander an der Tages- ordnung, wobei dem Löwen in diesem Moment oft gar nicht bewusst ist, das dies ver- letzend wirken kann. Eine der Hauptkompetenzen des Löwen ist dementsprechend das Entscheiden und Delegieren. Das ist für den Löwen ein Selbstläufer. Den Ton anzu- geben, zu sagen, wo es langgeht, lässt den Löwen-Typen aufblühen

4.2.8   Motivationstipps für den Löwen

Der beste Motivationsschalter für den Löwen ist wie beschrieben der Wettbewerb und immer dann, wenn es darum geht, sich mit anderen zu messen, wird der Löwe aktiv.

Sehr gut funktionieren dabei überschaubare und kurzfristige Ziele, gepaart mit den notwendigen Ruhephasen, in denen der Löwe das Geschaffte genießen kann. Als idealer Saisonarbeiter kann er in den Phasen der Aktivität mit großer Energie unglaublich viel auf die Beine stellen, ebenso genießt er dann allerdings die Pausenphasen. 20 Stunden dösen, 4 Stunden jagen. Der Löwe braucht keine perfekten Ergebnisse, sein Augenmerk liegt darauf, dass es funktioniert. Da der Zeitfokus im Hier und Jetzt liegt, ist die planerische Komponente nicht das, was den Löwen interessiert. Stattdessen braucht er schnelle und greifbare Ergebnisse, die das Gefühl von Erfolg vermitteln.

Um Entscheidungen zu treffen, hilft dem Löwen das Gefühl, die beste Entscheidung getroffen zu haben. Dies kann forciert werden, indem einem Löwen von Anfang an eine Sonderbehandlung gewährt wird. Begrifflichkeiten wie »exklusiv, einzigartig, außergewöhnlich« und ähnliche geben dem Löwen ein gutes Gefühl. Der Löwe ist ein Genießer des besonderen Status. Exklusive Kundenaktionen, VIP-Status, Upgrades und Vergleichbares lassen den Löwen strahlen und sorgen für eine gute Mundpropaganda.

Arbeitshilfen online

Einen Steckbrief zum Stresstier® Löwe finden Sie auf www.haufe.de/ arbeitshilfen.

4.3 Der Affe

Affen haben mich schon seit meiner Kindheit fasziniert. Vor allem am Gorillagehege konnte ich mich stundenlang aufhalten und einfach nur schauen. Heute weiß ich, dass es wahrscheinlich die Seelenverwandtschaft ist, die mich so fasziniert hat. Oftmals war es so, dass der Gorilla auf der einen Seite der Scheibe saß und schaute, ich saß auf der anderen Seite und guckte auch. Einfach nur sitzen, denken und beobachten.

Ein schöner Moment besteht für mich auch heute noch darin, dazusitzen und zu beobachten. Schön bei einer Tasse Kaffee im Café sitzen und Leute betrachten. Nach außen sieht es aus, als würde da gar nichts passieren, im Kopf aber läuft Kino. Ich denke viel nach, stelle mir vor, was die Leute wohl machen, wenn sie das Café verlassen, und schweife ab mit meinen Gedanken. Das kann ich stundenlang tun. Auch wenn sich nach außen keine Regung zeigt, so passiert innerhalb des Kopfes umso mehr.

! **Affe »Autor«**

Als ich am Anfang meiner Beziehung mit meiner Frau einkaufen ging, war mein Verhalten für sie sehr gewöhnungsbedürftig. Oft stand ich eine Viertelstunde und mehr vor einem Regal und sammelte Eindrücke. In meinem Kopf wog ich dann ab, ob ich die Sachen brauche oder nicht. Im Baumarkt plante ich still Projekte für Haus und Garten und starrte dabei gedankenversunken auf das Regal vor mir. Zugegebenermaßen muss dieser Zustand von außen sehr eigentümlich aussehen. Da steht ein Mann regungslos vor einem Regal und macht nichts. Rein gar nichts. Könnten Menschen aber in Köpfe schauen, würde ein anderer Eindruck entstehen, denn innerlich spielen sich Dialoge ab, verschiedene Möglichkeiten werden durchgespielt und wieder verworfen und irgendwann wird aus dem Off heraus eine Entscheidung getroffen. Das kann die Mitmenschen häufig irritieren, da sie an den Gedanken, dem Für und Wider, sprich den eigentlichen Entscheidungsmechanismen, keinen Anteil haben und daher von der »plötzlichen« Entscheidung etwas überrumpelt sein können. Im Laufe der Zeit habe ich mir mühevoll angewöhnt, diese Gedanken, zumindest zum Teil, auch in Worte zu fassen, um meinen Mitmenschen das Verständnis zu erleichtern, warum ich zu einem Entschluss gekommen bin.

Was mich in einem Geschäft am meisten stört, sind übermotivierte Verkäufer, die gazellenhaft versuchen, mit mir ins Gespräch zu kommen oder löwenhaft die Vorteile des Produkts anpreisen und von mir eine schnelle Entscheidung verlangen. Das Problem dabei ist, dass zu viel Kommunikation von außen meinen eigenen Gedankenfluss stört und ich somit länger für die Entscheidung brauche, weil ich es gerne für mich selbst abwägen und mit mir ausdiskutieren möchte. Es kommt in der Praxis durchaus vor, dass ich die Verkäufer dann wieder wegschicke, mit dem Hinweis, dass ich später nochmal auf sie zukomme. Gazellen und Löwen sind dann regelmäßig irritiert, weil sich dieses Verhalten stark von ihrem eigenen unterscheidet.

Vielleicht kennst du die Szene, wo (klischeehafterweise) ein Rudel Männer um ein Lagerfeuer sitzt. Gemütlich eine Flasche Bier in der Hand. Da sitzen sie und schweigen sich an. Als das Feuer langsam ausgebrannt ist, erheben sie sich, einer sagt bedeutungsschwanger: »War ein richtig schöner Abend mit euch.« Die anderen brummen zustimmend und jeder geht seines Weges. Ein Rudel Affen.

4.3.1   Bedienungsanleitung für den Affen

Der Affe zeichnet sich dadurch aus, dass er im Gegensatz zu den anderen Stresstieren zwei Ebenen bevölkert. Er kann sich zum einen auf der Erde aufhalten, sich aber ebenso auf die Bäume zurückziehen. Das geschieht auch bei unserem menschlichen Affen-Typen. Wenn es ihm, im übertragenen Sinne, auf der Ebene zu bunt wird, zieht er sich auf seinen Baum zurück, um das Geschehen von oben und mit einer gewissen Distanz zu betrachten. Dort sitzt er dann und macht sich seine Gedanken. Wenn er für sich zu einer Entscheidung gekommen ist, verlässt er seinen Baum und verkündet. Das Problem besteht wie bereits beschrieben darin, dass seine Mitmenschen in seine Entscheidungsprozesse nicht eingebunden sind, sondern sich lediglich mit dem Endergebnis konfrontiert sehen. Das erschwert an vielen Stellen die Kommunikation mit dem Affen ungemein. Gerade für den Gazellen-Typen fehlt in der Kommunikation der Schritt, wie der Affe zu seiner Entscheidung gelangt ist.

Bei einem stark ausgeprägten Affen-Typen kann es dir passieren, dass er plötzlich und unerwartet am Donnerstag zu dir kommt und so etwas sagt wie: »Ich weiß jetzt, wie wir das Ganze lösen können.« Während du ihn irritiert und fragend anschaust und überlegst, was er wohl meinen könnte, schiebt er den Satz nach: »Na das, was wir am Montag besprochen haben.« Du denkst zurück und erinnerst dich an die Diskussion von Montag, in der der Affe dich einfach anschaute und nichts sagte. Dem Affen fällt dieser Sinnsprung nicht auf, da er sich ja seit Montag kontinuierlich gedanklich mit dem Thema auseinandergesetzt hat.

Affen geraten immer dann unter Stress, wenn sie spontan gefordert werden und zu wenig Zeit haben, über eine Sache nachzudenken. Gerade in angespannten Situationen benötigt der Affe seinen Rückzug. Im übertragenen Sinne: das Grübeln auf dem Baum. Auch ein großes Maß an sozialen Kontakten, bei denen sich der Affe aktiv einbringen soll, kann zu einem Gefühl der inneren Überforderung führen.

In einer Stresssituation hilft es dem Affen, Zeit für sich zu finden und am besten nicht angesprochen zu werden. Um Stress vorzubeugen, ist es für einen Affen-Typen gut, sich regelmäßig Auszeiten zu nehmen, in denen er seinen Gedanken nachgehen kann. Soziale Abstinenz ist in diesen Fällen ein probates Mittel. In Gesellschaft ist der Affe am ehesten der Beobachter aus zweiter Reihe. Kontraproduktiv ist es für ihn, im Mittelpunkt zu stehen. Lieber kommentiert er Gespräche und Situationen aus dem Hintergrund. Affen ziehen die Qualität von Kontakten und Gesprächen eindeutig der Quantität vor.

Da sie selbst eher nicht sehr aktiv kommunizieren, gelten die Affen als gute Zuhörer, was oftmals zu der Situation führt, dass sie als Gesprächspartner »ausgenutzt« werden, zumal es ihnen schwerfällt, einseitigen Gesprächen aktiv ein Ende zu setzen.

4.3.2   Die Sprache des Affen/Sprichworte

Die Sprache des Affen ist die Sprache der unverbindlichen Möglichkeiten. Sie ist tendenziell geprägt von Wortkargheit. Da die Kommunikation eher nach innen stattfindet, spiegelt sich dies ebenfalls in Mimik und Gestik wider. Beides ist beim Affen-Typen nur spärlich vorhanden. Das klassische Pokerface ist daher am ehesten beim Affen zu finden und verrät nur wenig über seinen eigenen Gemütszustand. Es kann passieren, dass der Affe sich innerlich gerade köstlich amüsiert, dies jedoch in keiner Weise in seinem äußeren Verhalten zu erkennen ist. In Seminaren erkenne ich den Spaß des Affen-Typen oftmals lediglich daran, dass eine Art tiefes Grunzen zu vernehmen ist, wenn ihn etwas interessiert und manchmal wackelt ein wenig der Bauch.

Beim Affen-Typen passiert es selbst mir als Vertreter dieser Spezies oft, dass ich während des Seminars nur schwer das Interesse der Affen im Seminar einschätzen kann und mir auch oftmals nicht sicher bin, ob ich den Teilnehmer erreicht habe, da überspitzt gesprochen die Gesichtsausdrücke für Depression und Euphorie nur Facetten auseinanderliegen. Regelmäßig passiert es mir allerdings, dass sich mir nach dem Seminar ein Affen-Typ nähert und mir den Satz zuraunt: »War ein interessantes Seminar.«

Wenn du mit dem Affen ins Gespräch kommst, wirst du von seinen Beiträgen überrascht sein. Der Affe ist in vertrauter Runde ein interessierter Gesprächspartner und guter Zuhörer. Seine Beiträge sind oft fundiert und diplomatisch. Er hat zu vielen Themen eine durchdachte Meinung, die Raum lässt für die Ideen und Gedanken des Gegenübers.

Der Affe ist in der Regel wortgewandt und stellenweise unerwartet humorvoll, da das Spielen mit der Sprache ihm leichtfällt. Wenn sich die Konstellation ergibt, dass sich der Affe in ein Gespräch einbringt, ist er in der Regel ein angenehmer Gesprächspartner für ausgewogene Gespräche. Das feine Spiel mit der Sprache als Spezialdisziplin des Affen, vor allem Ironie und Sarkasmus, stößt nicht zwingend bei allen Gesprächspartnern auf Gegenliebe, da der Affe teils so »auf der Grenze« arbeitet, dass diese Stilmittel nicht immer eindeutig gekennzeichnet sind.

Einen Affen kannst du als gute Vertrauensperson nehmen. Er wird die Dinge, die er von dir anvertraut bekommt, für sich behalten. Affen werden deshalb gerne als Seelenkummerkasten genutzt, da sie intensiv zuhören und nicht dazu neigen, schnelle Ratschläge zu geben, sondern sich erst einmal anhören, was überhaupt Sache ist. Für den Affen ist dies nicht immer nur ein Vorteil. Ihm fällt es in solchen Situationen oftmals schwer, sich klar abzugrenzen und zu signalisieren, wann er keine Lust mehr auf das Gespräch hat. So wird bei manchen Affen diese Eigenschaft des guten Zuhörers manchmal ohne böse Absicht ausgenutzt.

Affen mögen Neuigkeiten und visionäre Gespräche. Wenn ein Wort das andere gibt und in der Phantasie Neues entsteht, dann ist der Affe in seinem Element. Klatsch und Tratsch, ständig gleiche Themen, ausführliches Schwelgen in der Vergangenheit und sehr polarisierende Meinungen hingegen liegen außerhalb des Interessensbereiches des Affen.

Das Wort »man«, welches der Affe überdurchschnittlich oft verwendet, zeigt auch sprachlich eine gewisse Distanz. Wenn du mit einem Affen kommunizierst, ist es wichtig, dass du ihm die notwendige Distanz vermittelst und eine optionale Sprache verwendest. Ein Satz, der den Affen anspricht, kann aussehen wie folgt: »Herr Affe, man könnte Ihr Anliegen auf zwei Arten lösen. Lassen Sie mich kurz die wesentlichen Vor- und Nachteile der einzelnen Lösungen nennen, damit Sie es für sich abwägen können.«

> **!** **Sprichworte, die die Denkweise des Affen widerspiegeln**
>
> *Kommt Zeit, kommt Rat.* (Deutsches Sprichwort)
> *Gut Ding will Weile haben.* (Hans Jakob Christoffel von Grimmelshausen)
> *Rom ist auch nicht an einem Tag erbaut worden.* (Deutsches Sprichwort)
> *In der Ruhe liegt die Kraft.* (Unbekannt)
> *Das Glück ist der Begleiter des Tüchtigen.* (Lateinisches Sprichwort)
> *Glücklich sind die, die sich selbst genügen.* (Afrikanische Weisheit der Zulu)
> *Wer etwas will, findet Wege. Wer etwas nicht will, findet Gründe.* (unbekannt)

4.3.3   Der Affe im Alltag

Der Affe ist wahrscheinlich im Alltag der unauffälligste Vertreter der Stresstiere und agiert eher aus dem Hintergrund. Affen fallen uns oft erst auf den zweiten Blick auf. Manchmal werden die Affen kaum wahrgenommen und es stellt sich auf einer Party im Nachgang die Frage: »War der eigentlich auch da?«, da sie bei gesellschaftlichen Anlässen oft am Rand stehen und beobachten. Von außen betrachtet kann es so wirken, als langweile sich der Affe. Das Gegenteil ist oft der Fall. Der Affe genießt es, in der Rolle des stillen Beobachters zu sein und sozusagen von seinem Baum aus zu schauen, was alles passiert, denn der menschliche Affe beobachtet gerne aus der zweiten Reihe. Dies zeigt sich im praktischen Verhalten beispielsweise daran, dass Affen bei Veranstaltungen gerne hinten sitzen, um den Überblick zu behalten. Unangenehm ist es für den Affen, wenn andere Menschen außerhalb seines Blickfelds, im Speziellen hinter ihm, sitzen, weil er dann schlichtweg nicht sehen kann, was sie tun. Ich erwähnte eingangs bereits, dass ich am ehesten zur Spezies des Affen gehöre. Bei Partys ist es für mich ein Hochgenuss, mit in der Runde zu sein und zuzuhören, was die anderen erzählen. Ich brauche dabei keinen aktiven Part und fühle mich trotzdem sehr wohl.

Affen kommunizieren viel mit sich selbst und analysieren die Dinge, die um sie herum passieren, und ziehen daraus ihre Schlüsse. Auch wenn die Kommunikation des Affen nach außen in der Regel nicht sehr ausgeprägt ist, so finden im Kopf des Affen ständig Gespräche und »Was-wäre-wenn«-Spiele statt. Der Affe zieht intensive Gespräche mit einzelnen Menschen definitiv dem Smalltalk in der großen Runde vor. Je trubeliger es drumherum wird, umso mehr zieht sich der Affe in sich selbst zurück und wird ruhig. Von außen kann dieses Verhalten daher als unkommunikativ und eigenbrötlerisch wahrgenommen werden.

Wenn du den Affen allerdings gezielt nach seiner Meinung fragst, dann kann es passieren, dass du eine Überraschung erlebst. Die Meinung des Affen ist oft gut durchdacht und fundiert, weil er sich bereits viele Gedanken zu dem Thema gemacht hat. Affen neigen in der Regel zu diplomatischen und strategischen Ansätzen, da sie das Für und Wider bereits in ihrem Kopf abgewägt haben. Sich eindeutig auf eine Richtung festzulegen, ist dem Affen allerdings oft zuwider, weil er in vielen Fällen beiden Seiten etwas abgewinnen kann.

Affen bringen oft innovative Lösungsansätze und ein vermittelndes Naturell in die Runde der Stresstiere. Allerdings gehen sie im Alltag häufig unter, weil die Gazellen mit ihrer stark kommunikativen Art und die Löwen mit dem dominanten Auftreten dem Affen wenig Raum zur Wirkung bieten. Als Gegenmittel taktiert der Affe oft und wird dadurch teils als manipulativ wahrgenommen, zumal er die Verhaltensweisen der anderen Tierarten durch seine Beobachtungen schnell analysiert hat. Die Kompetenzen des Affen liegen im Vermitteln, Planen und der Diplomatie.

Affen brauchen große Freiräume und Rückzug und können es gut mit sich selbst aushalten. Sobald die Freiheit des Affen eingeschränkt wird und er seinen Baum als bedroht empfindet, wird er dieses Bedürfnis noch stärker verspüren und sich tendenziell noch mehr in sich zurückziehen. Dies äußert sich zum Teil durch ein bewusstes Ausklinken aus dem Geschehen und zunehmender Schweigsamkeit. Den Stress erkennst du beim Affen am ehesten daran, wenn er absolut ruhig wird. An dieser Stelle solltest du ihn einfach einen Moment in Ruhe lassen.

4.3.4   Der Affe im Kollegenkreis und in der Partnerschaft

Der Affe im Tierreich hat ein ausgeprägtes Sozialverhalten und einen klar umrissenen Sozialverbund, hin und wieder gibt es allerdings auch Einzelgänger. Im Rahmen des Kollegen- und Familienkreises stellt der menschliche Affen-Typ den ruhenden Pol dar. Er sorgt sich um sein Rudel und nimmt seinen Platz im Sozialgefüge ein. Als direkter Kollege oder Partner bietet der Affe einen verlässlichen Ansprechpartner. Besondere Stärken sind hierbei das immer offene Ohr und das Auftreten als »Fels in der Brandung«. Er ist in der Regel recht tolerant und kompromissbereit und macht sich viele Gedanken über das gemeinsame Tun.

Lediglich in der Kommunikation gibt es mit einem Affen-Typen wie bereits erwähnt die ein oder andere Herausforderung. Dadurch dass der Affen-Typ eher nach innen kommuniziert, kann es den Kollegen oder dem Partner passieren, dass sie in manche Entscheidungsprozesse nicht eingebunden, sondern eher vor vollendete Tatsachen gestellt werden. Dies wird gerade den Gazellen-Typen vor eine Herausforderung stellen. Zudem wirkt störend, dass der Affen-Typ, insbesondere in Konfliktsituationen, sehr ruhig wird und von außen betrachtet auf stur schaltet. Der Nachteil ist dann, dass in einem solchen Fall die Kommunikation einseitig unterbunden wird, weil der Affe dichtmacht. Somit bietet sich in diesem Moment keine Möglichkeit mehr zu einer Fortführung der Diskussion.

In der Zusammenarbeit und im Zusammenleben mit einem Affen ist es wichtig, ihm in ausreichendem Maße Freiräume (das heißt Zeit auf dem Baum) einzuräumen. Mit spontanen Entscheidungen oder schneller Umsetzung ist der Affen-Typ oft überfordert, weil ihm die Zeit fehlt, darüber nachzudenken. Affen-Typen mögen die Planbarkeit und vorhersehbare Abläufe. Flexibilität gehört eindeutig nicht zu ihren Stärken.

In Bezug auf die anderen Tiergattungen ist der Affen-Typ in der Regel recht anpassungsfähig. Die größte Herausforderung für ihn stellt das Zusammenarbeiten und -leben mit einem ausgeprägten Löwen-Typen dar. In den ruhigen Phasen wird es wahrscheinlich gut funktionieren, da die Ruhephasen des Löwen und das Beobachtende des Affen nach außen hin durchaus Parallelen zeigen. Schwieriger wird es allerdings in den Jagd- und Aktionismus-Phasen des Löwen. An diesen Stellen kann und will der Affe nicht in gleichem Maße mitziehen. Es wird ihm zu hektisch, zu aggressiv und laut.

Mit den Gazellen-Kollegen und -Partnern kann die Kombination Guter Zuhörer und Aktiver Gesprächspartner sehr gut funktionieren. Das Einzige, was für die Gazelle gewöhnungsbedürftig sein dürfte, ist, dass der Affe wenig Bestrebungen hat, sich mit anderen Menschen zu treffen und auszutauschen. Dies wird besonders bei Meetings, Telefonaten und Feiern deutlich. Doch an dieser Stelle lassen sich hervorragende Kompromisslösungen finden, wenn die Gazelle die Kontaktpflege aufrechterhält und der Affe an diesen Stellen Zeit für sich verbringen und aus dem Hintergrund agieren kann.

Wenn es dem Affen allerdings zu bunt wird und es keine Möglichkeit gibt, auszuweichen, dann kann es in Ausnahmefällen passieren, dass er den Angriff nach vorne antritt. Dies passiert häufig durch einen kurzen Fluch-Anfall oder eine gezielt verletzende Bemerkung. Die Flucht nach vorne ist aber beim Affen eher von kurzer Dauer und wird nur in den seltensten Fällen sichtbar.

4.3.5 Affe und Gesundheit

Der Affen-Typ ist ein Kopfmensch und trägt Herausforderungen in der Regel mit sich selbst aus. Dies kann dazu führen, dass gesundheitliche Probleme unterschätzt oder einfach nicht kommuniziert werden. Er zieht sich, wenn es ihm nicht gut geht, am ehesten in sein stilles Kämmerlein zurück und macht das Ganze, soweit es geht, mit sich selbst aus. Problematisch dabei ist, dass manche Beschwerden sich dadurch verschlimmern und Hilfe erst zu spät gesucht wird. Da das Gedankenkarussell beim Affen ständig in Gang ist, ist dies der Persönlichkeitstyp, der am ehesten zu psychischen Problemen neigt. Die Grübelfalle kann letztlich zu Depressionen führen.

Weil der Affe eher im Kopf als im Körper unterwegs ist, neigt er im Gegensatz zu den weiteren Tiertypen auch dazu, sein körperliches Wohlbefinden zu vernachlässigen. Durch mangelnde Bewegung und dem Ignorieren körperlicher Alarmsignale kommt es hierdurch öfter zu Problemen des Herz-Kreislauf-Systems.

4.3.6   Das Affen-Naturell

Affen-Typen sind zurückgezogen und oftmals Einzelgänger. Da sie gerne beobachten und aus zweiter Reihe agieren, sind sie sehr aufmerksam und saugen gedanklich jeden Reiz auf. Von außen betrachtet kann es sein, dass sie dabei recht teilnahmslos wirken. Bei Lern- und Entwicklungsaufgaben jeglicher Art zeichnet sich das so ab, dass Affen, im Gegensatz zu den anderen Stresstieren, erst einmal eine längere Zeit keinen Entwicklungsfortschritt zu machen scheinen. Wenn sie dann aber genug Informationen gesammelt haben, kommt es förmlich zu einem rasanten Entwicklungsschub und die neu erlernte Fähigkeit wird sehr schnell umgesetzt.

Sobald Affen unter Druck gesetzt werden oder sich beobachtet fühlen, kann das den Prozess des Ausprobierens allerdings einschränken. Am liebsten machen sie ihre Versuche des neu erlernten Verhaltens unbeobachtet. Oftmals sprechen sie dann mit sich selbst und holen sich dadurch ihr Feedback. Korrekturversuche von außen stoßen scheinbar auf taube Ohren und Affen-Typen wirken dabei manchmal rechthaberisch und feedbackresistent. »Ich kann das allein« oder »Lass mich das selber machen« sind beliebte Aussagen, die bei dieser Spezies zu finden sind. Der Affe sucht sich seinen eigenen Weg und probiert sich eher gedanklich als körperlich aus. Wenn allerdings eine neue Verhaltensweise gelernt wurde, dann testet der Affe gerne die Grenzen dieser aus und entwickelt neue Spielarten. Die erst so vorsichtig und zögerlich wirkenden Verhaltensmuster werden plötzlich ersetzt durch ein grenztestendes Verhalten.

In Bezug auf die Begegnung mit anderen Menschen sind Affen ebenfalls sehr zurückhaltend und zögerlich. Sie lieben es, auch an diesen Stellen aus der zweiten Reihe zu beobachten und erst einmal, im übertragenen Sinne, die Lage zu sondieren. Wenn sie die Spielregeln dann ausreichend beobachtet und sich einen Überblick über die Lage und über das Gegenüber verschafft haben, dann wirkt es auch an dieser Stelle so, als würde plötzlich ein Schalter im Kopf umgelegt und der Affen-Typ blüht auf.

Von allen Stresstieren kann sich der Affe am ehesten und ausdauerndsten in eigenen Phantasie- und Annahmewelten aufhalten. Oft werden Tätigkeiten stundenlang ausgeübt und wenn der Affe komplett in seine eigene Welt abgetaucht ist, dann fällt es zuweilen schwer, einen Schlusspunkt zu setzen. Bei unserem fünfeinhalbjährigen Sohn (einem ausgeprägten Affen-Typen) beobachte ich dieses Verhalten des Öfteren. Er liebt es zum Beispiel, Seile und Bänder zu knoten. Glücklich ist er, wenn er ein Wollknäuel und eine Schere bekommt. Wenn ich dann nach einiger Zeit nach ihm schaue, kann es durchaus vorkommen, dass ein Großteil unseres Gartens einem riesigen Spinnennetz gleicht, weil er hunderte von Bändern verknotet hat und dabei Raum und Zeit vergisst.

Abb. 3: Das Knotennetz an Jendriks Spieleturm

Affen-Typen entwickeln an vielen Stellen auch ihre eigenen Regeln, die zum großen Teil der Phantasie entspringen. Das »Was-wäre-wenn«-Denken und die Neigung zur »Entscheidungsoptionalität« stellen dabei gute Indizien für Affen-Typen dar. Zudem wird diese eigene Welt der Wünsche oftmals als sehr real wahrgenommen und es artet regelmäßig in Diskussionen aus, wenn die objektive Welt der optionalen Welt entgegensteht.

Die größte Herausforderung im Zusammensein mit einem Affen liegt wohl darin, dass der Affe nur dann ins Tun kommt, wenn er selber es will. Manchmal kann man dann gebetsmühlenartig auf ihn einreden, ohne dass es zu sichtbaren Resultaten kommt. Erst wenn Reize gesetzt werden, die eine Herausforderung darstellen und einen eher spielerischen Charakter aufweisen, führt dies zu einem Motivationsschub. Der Satz: »Ich glaube nicht, dass du das schaffen kannst«, hilft zum Beispiel oftmals, eine Motivation zu erzeugen, da in diesem Fall der Ehrgeiz des Affen geweckt wird, das Unmögliche möglich zu machen.

4.3.7   Der Affe im Beruf

Affen sind sehr sozial, gehen allerdings auch sehr taktierend vor. Forscher des Max-Planck-Instituts für evolutionäre Anthropologie in Leipzig haben herausgefunden, dass die tierischen Affen die gegenseitige Fellpflege nicht wahllos betreiben, sondern zahlreiche Rahmenbedingungen eine Rolle dabei spielen. So wird bei der Wahl des Pflegepartners beispielsweise berücksichtigt, ob ein Weibchen empfängnisbereit ist oder ob sich durch die Fellpflege eines ranghöheren Tieres möglicherweise Vorteile ergeben könnten.[14] Dieses Verhalten gilt auch für unseren menschlichen Affen-Typen. Er taktiert und wägt ab, schaut sich die Strukturen in einem Unternehmen genau an und sucht sich seinen Weg.

Affen sind auch im Beruf eher unscheinbare Zeitgenossen, die gut in planerische Prozesse eingebunden werden können. Sie übernehmen Aufgaben gewissenhaft und durchdenken die Konsequenzen ihres Handelns genau. Am liebsten arbeiten sie dabei in Ruhe allein vor sich hin.

Die Höchststrafe für den Affen-Typen ist das Großraumbüro. Hier wird er versuchen, sich zumindest in irgendeiner Ecke zu platzieren und sich Bilderrahmen und Zimmerpflanzen als Sichtschutz zu Hilfe nehmen, um zumindest ein bisschen seine Abgeschiedenheit zu haben. Affen-Typen lieben Büros und Schreibtische, von denen aus sie mit einem gewissen Abstand die Lage beobachten können. Wenn der Affe in eine Sache vertieft ist, so ist es dann manchmal fast unmöglich, seine Aufmerksamkeit zu bekommen. Voll fokussiert und gänzlich in der eigenen Welt abgetaucht, werden Außenreize dann nur sehr verzögert oder gar nicht wahrgenommen.

Der Affe ist ein guter Zuarbeiter und mag es, Aufgaben im Hintergrund zu erledigen. Er beansprucht dabei auch nicht die Lorbeeren aus einem Projekt, sondern sucht seine Vorteile eher im Verborgenen, ohne sie aktiv einzufordern. Einen klassischen Team-

---

14   Siehe hierzu: Mielke, Alexander/Preis, Anna/Samuni, Liram/Gogarten, Jan F./Wittig, Roman M./Crockford, Catherine, Flexible decision-making in grooming partner choice in sooty mangabeys and chimpanzees, 2018; online verfügbar unter https://doi.org/10.1098/rsos.172143, letzter Zugriff 20.11.2019.

player findest du in diesem Stresstypen nicht. Allerdings kann die Arbeit mit einem Affen in einem Team gut gelingen, wenn dieser sich nicht zu sehr in das Team einbinden muss. Das gemeinsame Schmieden von Plänen, Brainstorming und ähnliche Prozesse liegen dem Affen sehr gut. Er ist in der Regel bemüht, hundertprozentige Ergebnisse zu erreichen und seine Arbeit gewissenhaft zu erledigen. Er genießt es, wenn dies anerkannt und belohnt wird, zum Beispiel, indem ihm mehr Freiheiten gewährt werden. Gleichmäßige, verlässliche Arbeitsabläufe tun hierbei gut. Zu viel Veränderung und Unruhe hingegen scheut er. Ein besonderes Privileg für den Affen ist es, in Entscheidungsprozesse mit eingebunden zu werden.

Affen fordern von sich heraus wenig Beachtung ein und werden von anderen Kollegen eher als seltsam empfunden, da sie häufig nicht an Teamveranstaltungen teilnehmen und sich wenig am klassischen Bürotratsch beteiligen. Trifft man den Affen jedoch im Einzelgespräch an, so kann sich daraus eine sehr konstruktive Zusammenarbeit ergeben. Das strategische Vorgehen zeigt sich auch außerhalb der eigentlichen Arbeitsprozesse. Der Affe wägt ab, welche Chancen ihm bestimmte Verhaltensweisen bieten, und wählt sich das aus, von dem er sich den maximalen Profit verspricht.

Ein besonders extremes Beispiel für einen Affen-Typen im beruflichen Umfeld soll sich laut der Zeitung Ilta-Sanomat[15] vom 13.01.2004 ereignet haben. Sie berichtet über einen finnischen Finanzbeamten, der an seinem Arbeitsplatz verstorben war. Das Kuriose dabei ist, dass die anderen Kollegen angeblich zwei Tage lang nichts bemerkt haben. Auf die Rückfrage, wie das passieren konnte, sagten sie, dass sie gedacht hätten, er sei in seine Unterlagen vertieft. Da er sowieso nicht der Typ war, der mit den anderen zum Mittagessen ging oder sich am Büroplausch beteiligte, schien das ruhige Verhalten des Kollegen nicht außergewöhnlich für die anderen.

An dieser Stelle sei mit einem Augenzwinkern gesagt: Wenn du Kollegen hast, die dem Affen-Typen angehören, dann sei doch so nett und check ab und zu mal den Puls. Solltest du selbst zu dieser Spezies gehören, dann stell einfach täglich einen kurzen Termin mit einem Kollegen ein, damit zumindest schnell bemerkt wird, dass etwas nicht stimmt, wenn du nicht erscheinst.

4.3.8   Motivationstipps für den Affen

Der Motivationsschalter für den Affen liegt im Kopfkino. Wenn der Affe Ruhe und Zeit hat nachzudenken, dann ist er in seinem Wohlfühlbereich. Alles, was schnell gehen

---

15   Die Ilta-Sanomat ist die größte finnische Boulevardzeitung, deshalb kann ich die inhaltliche Korrektheit dieser Meldung nur schwer einschätzen. Allerdings wäre es in Anbetracht der Stresstiere durchaus denkbar, dass so etwas in der Praxis passiert sein könnte.

muss und Flexibilität erfordert, ist in der Regel außerhalb seiner Komfortzone. Affen lieben es, sich in Dinge einzufuchsen und eine Ebene tieferzugehen. Das »Was-wäre-wenn«-Spiel ist eine beliebte Kopfübung für Affen.

Wenn es geregelte Strukturen gibt und den Freiraum im Denken, dann fühlt sich dieses Stresstier® wohl. Gezieltes Brainstorming oder Austausch, in dem eine Idee die andere anstößt, lassen die Gedanken aufblühen. Ein großer Motivator ist die Frage: »Warum sollte ich das tun?« Wenn der Reiz, das Ziel, einen großen Mehrgewinn verspricht, dann setzt sich der Affe in Bewegung. Es kann aber auch durchaus vorkommen, dass eine Aktion abgebrochen wird, wenn der Zugewinn nicht mehr groß genug erscheint. Für Affen ist es gleichzeitig extrem wichtig, dass es wenig ablenkende Faktoren drumherum gibt. Sie sind empfänglich für neue Außenreize, sodass diese eine gerade begonnene Aktion schnell überlagern können.

Wenn Dinge unlösbar oder nicht machbar erscheinen, dann bringt das den Affen zum Laufen. »Irgendeine Lösung muss es doch geben«, ist dabei der Gedanke, der antreibt. Dann wird oft so lange gegrübelt und getüftelt, bis das Unlösbare möglich wird. Der gedankliche Prozess ist dabei führend. Das bedeutet: Wenn der Affe für sich einen Lösungsweg gefunden hat, dann ist der Reiz befriedigt und der Affe geht innerlich schon auf die Suche nach einer neuen Herausforderung.

An diesen Stellen treten auch die größten Motivationshemmnisse auf. Wenn die Aufgabe innerlich erledigt, das Gefühl der Herausforderung befriedigt ist, dann sinkt die Motivation des Affen oft schlagartig. An diesen Stellen gilt es, durchzuhalten und die Aufgabe auch zu Ende zu bringen, auch wenn sich dies für diesen Vertreter der Stresstiere oft nach unangenehmer Routine anfühlt. Wichtig ist es hier, über den inneren Schweinehund hinwegzugehen und sich künstlich neue Herausforderungen zu setzen, die in Richtung des Ziels führen. Oftmals agieren die Affen an dieser Stelle bereits auf unbewusste Art und Weise in diese Richtung. Ist die äußere Herausforderung nicht anspruchsvoll genug, dann kann es passieren, dass der Affe eine künstliche Situation erschafft, die den Spannungsbogen wachsen lässt. Bei einer Routinearbeit zum Beispiel kann es – ähnlich wie beim Löwen, nur aus einer anderen Motivation heraus – sein, dass der Affe erst viel Zeit verstreichen lässt, um dann an einem Punkt, wo Außenstehende denken, jetzt ist es zu spät, Vollgas zu geben, um sich selbst zu beweisen, dass es doch noch machbar ist.

Ich erinnere eine Situation, in der ein Azubi in einem Unternehmen eine mündliche Abschlussprüfung hatte. Wochenlang hatte er die Vorbereitung vor sich hergeschoben. In der Nacht vor der Prüfung allerdings ist er zur Hochform aufgelaufen und es kamen ihm zahlreiche Ideen in den Kopf, wie er diese Prüfung gestalten konnte. Fünf Minuten, bevor der Bus in Richtung Berufsschule fuhr, hatte er die letzten Vorbereitungen abgeschlossen und noch hunderte Ideen im Kopf, was er noch alles hätte machen können. Die Prüfung hat er übrigens mit voller Punktzahl bestanden.

Das kontinuierliche Arbeiten stellt wie bereits erwähnt immer wieder eine Herausforderung für den Affen-Typen dar. Bei Routinearbeiten sollte sich der Affen-Typ daher immer wieder Pausen einbauen, in denen er sich zwischenzeitlich anderen Dingen widmet. Zudem sollte er darauf achten, dass er sich disziplinieren muss, um nicht durch äußere Reize abgelenkt zu werden.

Arbeitshilfen online

Einen Steckbrief zum Stresstier® Affe finden Sie auf www.haufe.de/arbeitshilfen.

5 Stresstier®-Test

Du hast jetzt bereits einiges über die unterschiedlichen Stresstiere erfahren und bist wahrscheinlich neugierig darauf, welcher Spezies du angehörst. Im Folgenden findest du einen Test, mit dessen Hilfe du überprüfen kannst, welches dein Stresstier® ist. Das Ergebnis wird dir wichtige Hinweise zu deinem Verhalten in Stresssituationen und darüber hinaus bieten. Zudem gewinnst du wertvolle Erkenntnisse, wie du in Zukunft deinem eigenen Stress zielgerichtet und effektiv begegnen kannst. Du kannst die Ergebnisse und Interpretationen als Impulse für dein Verhalten zur Stressreduktion nutzen. Die Idee des Tests basiert auf den Forschungen des US-amerikanischen Hirnforschers Paul D. MacLean zum sogenannten »dreieinigen Gehirn«[16]. Diese wurden von mir zu einer neuen Systematik entwickelt, die greifbar und leicht nachvollziehbar ist.

Arbeitshilfen online

Den Stresstier®-Test finden Sie auch auf www.haufe.de/arbeitshilfen.

Wie funktioniert der Test? – Du siehst als Erstes insgesamt 21 Blöcke mit jeweils 3 Aussagen. Suche dir in jedem Block die Aussage heraus, der du am ehesten zustimmst. Solltest du mehreren Aussagen zustimmen, dann entscheide dich aus dem Bauch heraus für eine Aussage und lege dich fest. Im zweiten Block findest du 16 Fragen mit jeweils drei Antwortmöglichkeiten. Entscheide dich auch hier jeweils für eine der drei Antworten. Sollten mehrere Antworten infrage kommen, dann lege dich auch hier wieder spontan auf eine fest.

> **Achtung: Entspannung sorgt für mehr Flexibilität** !
>
> Am besten ist es, wenn du während des Tests nicht nur an entspannte Situationen denkst. Nimm, wenn es zur Aussage passt, dein Verhalten in einer angespannten Situation unter die Lupe. Schließlich möchtest du ein Ergebnis für dein eigenes Stresstier® bekommen. In entspannten Situationen haben wir eher die Fähigkeit, flexibel zu reagieren, sodass dies die Entscheidung für eine Aussage verwässern kann. Wenn du stattdessen an eine angespannte Situation denkst, gibt das Ergebnis einen genaueren Einblick in dein natürliches Stresstier®.

Trage die Ergebnisse der einzelnen Blöcke in das Auswertungsschema im Anschluss an die Fragen ein. Anschließend zähle zusammen, wie oft das jeweilige Stresstier® bei dir vorkommt. Wie das Ergebnis genau zu lesen ist und was das für dich bedeutet, findest du in den nachfolgenden Unterkapiteln.

---

16 Siehe hierzu: MacLean, Paul D./Kral, Vojtech Adalbert, A triune conception of the brain and behaviour. Including Psychology of memory and Sleep and dreaming; papers presented at Queen's University, Kingston, Ontario 1969.

Block 1	Die Aussagen
A1	a) Ich mag es, mich mit anderen Menschen zu umgeben und auszutauschen. b) Ich genieße den Rückzug und denke gerne über Dinge nach. c) Ich liebe Herausforderungen und Wettbewerb.
A2	a) Ohne Schweiß kein Preis. b) Nachdenken erspart Nachbessern. c) Gemeinsam geht es besser.
A3	a) Ich mag tiefergehende Gespräche und Philosophieren. b) Ich mag klare Ansagen ohne Schnörkel. c) Ich mag den lockeren Austausch.
A4	a) Ich grübele oft über Dinge. b) Ich neige zu Magen-Darm-Problemen. c) Ich neige zu Verspannungen.
A5	a) Ich mag es, mich so richtig auszupowern. b) Ich mag es, mich mit anderen Leuten zu treffen. c) Ich mag es, Zeit für mich zu haben.
A6	a) Der perfekte Urlaub beinhaltet eine Mischung aus körperlicher Betätigung und Entspannung. b) Der perfekte Urlaub beinhaltet eine Mischung aus Erlebnis und Abenteuer. c) Der perfekte Urlaub beinhaltet eine Mischung aus netten Menschen und gemeinsamen Erlebnissen.
A7	a) Ich erinnere mich gerne an schöne Situationen, die ich erlebt habe. b) Ich lebe gerne im Hier und Jetzt. c) Ich denke gerne darüber nach, wie mein Leben zukünftig verlaufen wird.
A8	a) Sprache ist für mich ein Mittel zum Austausch. b) Sprache ist für mich ein Mittel zum Zweck. c) Sprache ist für mich Werkzeug.
A9	a) Früher war vieles besser und entspannter. b) Man muss das Beste aus den Dingen machen. c) Unsere Gedanken von heute gestalten das Morgen.
A10	a) Beim Spielen geht es um das Gewinnen. b) Beim Spielen geht es um das Beisammensein. c) Beim Spielen geht es um Taktik und Nachdenken.
A11	a) Wenn es ginge, würde ich gerne in die Vergangenheit reisen. b) Wenn es ginge, würde ich gerne in die Zukunft reisen. c) Weder noch.
A12	a) Am meisten bewundere ich Menschen, die etwas Besonderes geleistet haben. b) Am meisten bewundere ich Menschen, die sich sozial engagieren. c) Am meisten bewundere ich Menschen, die ihren eigenen Weg gehen.

Block 1	Die Aussagen
A13	a) Ich mag es, im Mittelpunkt zu stehen. b) Ich mag es, mittendrin zu sein. c) Ich mag es, zu beobachten.
A14	a) Leistung wird belohnt. b) Nachdenken wird belohnt. c) Aufeinander Achten wird belohnt.
A15	a) Ein geselliges Treffen mit netten Menschen wäre eine Situation, in der ich dem Stress entgehen könnte. b) Allein auf einer Berghütte zu sein, wäre eine Situation, in der ich dem Stress entgehen könnte. c) Ein schöner Fernsehabend auf dem Sofa wäre eine Situation, in der ich dem Stress entgehen könnte.
A16	a) Wenn ich Fernsehen schaue, dann gerne Sportsendungen oder Wettkämpfe. b) Wenn ich Fernsehen schaue, dann gerne Soaps oder Talkshows. c) Wenn ich Fernsehen schaue, dann gerne Wissenssendungen oder Abenteuerfilme.
A17	a) Wenn ich lese, dann gerne Fachliteratur oder Science-Fiction. b) Wenn ich lese, dann gerne Biografien oder Tatsachenberichte. c) Wenn ich lese, dann gerne Romane oder leichte Literatur.
A18	a) Bezahlung sollte leistungsbezogen sein. b) Bezahlung sollte sozial gerecht verteilt sein. c) Bezahlung sollte qualitätsbezogen sein.
A19	a) Am liebsten mag ich es, wenn bei einer Unterhaltung die Menschen rechts von mir stehen. b) Am liebsten mag ich es, wenn bei einer Unterhaltung die Menschen links von mir stehen. c) Am liebsten mag ich es, wenn bei einer Unterhaltung die Menschen mir gegenüberstehen.
A20	a) Als interessanten Gesprächsstoff empfinde ich Klatsch und Tratsch. b) Als interessanten Gesprächsstoff empfinde ich Erfolge. c) Als interessanten Gesprächsstoff empfinde ich Neuigkeiten.
A21	a) Bei Kaufentscheidungen spielen für mich der Service und die Qualität eine Rolle. b) Bei Kaufentscheidungen spielen für mich die Erfahrung anderer und eine gute Beratung eine Rolle. c) Bei Kaufentscheidungen spielen für mich Innovation und Haltbarkeit eine Rolle.

Tab. 1: Block 1: Die Aussagen

Block 2	Die Fragen
F1	Du besuchst alleine eine Party, auf der bereits viele Menschen sind. Wie verhältst du dich? a) Ich werde schnell zum Mittelpunkt der Party und sorge richtig für Stimmung. b) Ich beobachte die Situation erst einmal vom Rand aus und brauche einige Zeit, um aufzutauen. c) Ich geselle mich zu den anderen und unterhalte mich mit den unterschiedlichsten Leuten.
F2	Bei einem Vortrag werden anscheinend falsche Aussagen getroffen. Wie verhältst du dich? a) Ich denke darüber nach, wie die Aussagen zustande kommen, und werde den Referenten ggf. nach dem Vortrag ansprechen. b) Ich unterbreche den Vortragenden kurz, um die Sache richtigzustellen. c) Ich frage meinen Nachbarn, was da wohl los ist, und bringe die Sache zur Sprache.
F3	Was wäre für dich die größte Strafe? a) Eine längere Zeit in einem geschlossenen Raum verbringen zu müssen. b) Eine längere Zeit mit vielen Menschen zusammenzuleben. c) Eine längere Zeit keinen Kontakt zu anderen Menschen zu haben.
F4	Wie würdest du dich selbst beschreiben? a) Kontaktfreudig und gesellig. b) Aktiv und impulsiv. c) Zurückhaltend und beobachtend.
F5	Wie sieht für dich ein schöner Ausgleich zu einem stressigen Tag aus? a) Ich genieße einen geselligen Abend. b) Ich mache Party. c) Ich mache einen Spaziergang.
F6	Irgendetwas ärgert dich. Wie gehst du damit um? a) Ich muss mich abreagieren. b) Ich suche mir jemanden, mit dem ich darüber reden kann. c) Ich mache das Ganze mit mir selbst aus.
F7	Wie würdest du dein Verhalten im Alltag am ehesten beschreiben? a) Ich liebe es, mich auszutauschen. b) Ich liebe meine Gewohnheiten. c) Ich liebe es, mich mit anderen zu messen.
F8	Was ist deiner Meinung nach die wichtigste Fähigkeit für Erfolg? a) Im richtigen Moment Vollgas zu geben. b) Die Strukturen zu verstehen und kreativ zu nutzen. c) Auf Erfahrungen und Netzwerke zurückgreifen zu können.

Block 2	Die Fragen
F9	Welches Verhalten trifft bei der Erledigung von Aufgaben am ehesten auf dich zu? a) Ich erledige Dinge gerne schnell. b) Ich erledige Dinge gerne sofort. c) Ich erledige Dinge gerne genau.
F10	Bei einer Veranstaltung besteht freie Platzwahl. Wo setzt du dich hin? a) Vorne b) In die Mitte c) Hinten
F11	Welche Eigenschaft sollte ein Mensch haben, der dich von etwas überzeugen will? a) Er sollte sympathisch sein. b) Er sollte für seine Sache brennen. c) Er sollte sich gut in der Sache auskennen.
F12	Wann funktioniert, deiner Meinung nach, eine Gesellschaft am besten? a) Wenn sich alle an die Regeln halten. b) Wenn es genug Freiräume für jeden Einzelnen gibt. c) Wenn es klare Spielregeln gibt.
F13	Wie würden dich andere Leute am ehesten beschreiben? a) Denker b) Macher c) Sympathieträger
F14	Was spornt dich am meisten an? a) Neue Herausforderungen. b) Mich mit anderen zu vergleichen. c) Die Anerkennung anderer Menschen.
F15	Du kommst in eine unbekannte Situation. Wie verhältst du dich? a) Ich frage andere Menschen, was mich erwartet. b) Ich versuche, aktiv die Dinge anzupacken. c) Ich beobachte und verschaffe mir erst einmal einen Überblick.
F16	Was nervt dich am meisten? a) Wenn Dinge nicht vorangehen. b) Wenn ich das Gefühl habe, alles allein machen zu müssen. c) Wenn Menschen unüberlegt an Dinge herangehen.

Tab. 2: Block 2: Die Fragen

Trage nun hier die Ergebnisse von Block 1 ein:

	a)	b)	c)
A1	Gazelle	Affe	Löwe
A2	Löwe	Affe	Gazelle
A3	Affe	Löwe	Gazelle
A4	Affe	Gazelle	Löwe
A5	Löwe	Gazelle	Affe
A6	Löwe	Affe	Gazelle
A7	Gazelle	Löwe	Affe
A8	Gazelle	Löwe	Affe
A9	Gazelle	Löwe	Affe
A10	Löwe	Gazelle	Affe
A11	Gazelle	Affe	Löwe
A12	Löwe	Gazelle	Affe
A13	Löwe	Gazelle	Affe
A14	Löwe	Affe	Gazelle
A15	Gazelle	Affe	Löwe
A16	Löwe	Gazelle	Affe
A17	Affe	Löwe	Gazelle
A18	Löwe	Gazelle	Affe
A19	Affe	Gazelle	Löwe
A20	Gazelle	Löwe	Affe
A21	Löwe	Gazelle	Affe

Tab. 3: Das Auswertungsschema

Zähle nun zusammen, wie oft du die einzelnen Stresstiere in deinem ersten Block angekreuzt hast:

Gazelle	Löwe	Affe
ⅲⅰ	ⅲ	ⅲⅲⅰ

Tab. 4: Ergebnis Block 1

Trage anschließend hier die Ergebnisse von Block 2 ein:

	a)	b)	c)
F1	Löwe	Affe	Gazelle
F2	Affe	Löwe	Gazelle
F3	Löwe	Affe	Gazelle
F4	Gazelle	Löwe	Affe
F5	Gazelle	Löwe	Affe
F6	Löwe	Gazelle	Affe
F7	Gazelle	Löwe	Affe
F8	Löwe	Affe	Gazelle
F9	Löwe	Gazelle	Affe
F10	Löwe	Gazelle	Affe
F11	Gazelle	Löwe	Affe
F12	Gazelle	Affe	Löwe
F13	Affe	Löwe	Gazelle
F14	Affe	Löwe	Gazelle
F15	Gazelle	Löwe	Affe
F16	Löwe	Gazelle	Affe

Tab. 5: Das Auswertungsschema

Zähle nun zusammen, wie oft du die einzelnen Stresstiere in deinem zweiten Block angekreuzt hast:

Gazelle	Löwe	Affe
/ / //	++++	++++ ++++ /

Tab. 6: Ergebnis Block 2

Zähle die Ergebnisse aus Block 1 und 2 zusammen:

Gazelle	Löwe	Affe
10	10	22

Tab. 7: Ergebnis Block 1 und 2

5.1   Wie du das Ergebnis liest

Anhand deines Ergebnisses aus dem Stresstier®-Test kannst du jetzt ablesen, welches dein bevorzugtes Stresstier® ist und welche Verhaltensweisen bevorzugt bei dir aktiviert werden, wenn du in Stress gerätst. Zudem kannst du aus dem Ergebnis ableiten, welche Methoden dir in einer Stresssituation gezielt weiterhelfen.

Es können verschiedene Varianten bei der Ausprägungsstärke auftauchen, die ich dir im Folgenden kurz erläutere.

Variante 1: Du hast eine sehr eindeutige Ausprägung in Richtung eines der Stresstiere

DIE SEHR EINDEUTIGE AUSPRÄGUNG

Eine sehr eindeutige Ausprägung liegt vor, wenn du bei einem Stresstier® einen Wert von mindestens 25 Punkten hast und er sich somit sehr deutlich von den beiden anderen Werten nach oben abhebt.

Schau dir als Erstes an, ob du nach der vorangegangenen Definition eine sehr deutliche Ausprägung eines bestimmten Stresstieres hast. Bei 25 Punkten und mehr hast du eine eindeutige Dominanz eines Stresstieres, welches dein Verhalten in Stresssituationen überwiegend bestimmt.

!   Beispiele für eine sehr eindeutige Ausprägung eines Stresstieres
Affe 25 Punkte, Löwe 7 Punkte, Gazelle 5 Punkte
oder
Gazelle 31 Punkte, Affe 3 Punkte, Löwe 3 Punkte
oder
Löwe 34 Punkte, Gazelle 2 Punkte, Affe 1 Punkt

Im Alltag drückt sich die sehr eindeutige Ausprägung eines Stresstieres darin aus, dass die Verhaltensweisen in Stresssituationen relativ zuverlässig voraussagbar sind. Diese werden sich, wenn du in Stress gerätst, mit großer Wahrscheinlichkeit immer in einem ähnlichen Muster ausdrücken. Dies kann dir helfen, unerwünschtes Verhalten zu vermeiden, indem du dir in einer entspannten Situation vornimmst, beim nächsten Mal in für dich typischen Stresssituationen anders zu reagieren.

Wenn die Stresssituation dann allerdings da ist, kann es dir trotzdem passieren, dass deine Handlungsmöglichkeiten und dein Verhalten wieder auf Autopilot gehen. Wenn du beispielsweise ein ausgeprägter Affen-Typ bist, kann es sein, dass du dir in Vorbereitung auf ein Meeting fest vornimmst, dieses Mal deutlich deine Meinung zu sagen und dich nicht von den Löwen-Typen unterbuttern zu lassen. Während du dann im Meeting zunehmend unter Stress gerätst, merkst du, wie deine Vorsätze schwinden und du erneut die Rolle des stillen Beobachters einnimmst, der das Geschehen eher aus der Beobachterposition heraus betrachtet und dessen Gespräche erneut hauptsächlich im Kopf stattfinden. Gerade in diesen Momenten ist es wichtig, das wahrzunehmen, über das eigene Bauchgefühl hinwegzugehen und sehr bewusst in Aktion zu treten.

Variante 2: Du hast eine hohe Ausprägung eines Stresstieres

DAS HOCH AUSGEPRÄGTE STRESSTIER®

Ein hoch ausgeprägtes Stresstier® liegt vor, wenn du einen Wert hast, der mindestens 5 Punkte über den Werten der beiden anderen Stresstiere liegt.

In dem Fall eines Plus von 5 Punkten gegenüber den anderen Stresstieren hast du ein bevorzugtes Stresstier®, welches jedoch in einigen Situationen durch die anderen Stresstiere ergänzt werden kann. Dein Verhalten wird sich in vielen Situationen an deinem bevorzugten Stresstier® orientieren, es kann jedoch situativ an der ein oder anderen Stelle variieren. Je mehr du aber unter Stress gerätst, desto größer ist die Wahrscheinlichkeit, dass du auf dein hoch ausgeprägtes Stresstier® zurückgreifst.

Beispiele für eine hohe Ausprägung eines Stresstieres

Affe 24 Punkte, Löwe 13 Punkte, Gazelle 0 Punkte
oder
Gazelle 17 Punkte, Affe 10 Punkte, Löwe 10 Punkte
oder
Löwe 21 Punkte, Gazelle 13 Punkte, Affe 3 Punkte

Variante 3: Du hast ein zweigeteiltes Stresstier®

DAS ZWEIGETEILTE STRESSTIER®

Ein zweigeteiltes Stresstier® liegt vor, wenn zwei Werte in etwa gleich hoch sind und deutlich über dem dritten Wert liegen.

Wenn die ersten beiden Varianten für dich nicht zutreffen, dann überprüfe, ob du bei zwei Stresstieren einen recht ausgeglichenen Wert hast und diese Werte eindeutig über dem dritten liegen. In diesem Fall hast du eine deutliche Ausprägung von zwei Stresstieren, die situativ auftreten können. Je höher dein Stresslevel ist, desto eher wird das Stresstier® mit der höheren Punktzahl auftreten. Bei einer Gleichverteilung ist die Wahrscheinlichkeit, das mal auf das eine, mal auf das andere Stresstier® zurückgegriffen wird, gleich hoch. Du stellst also einen Mischtypen dar, der je nach Situation im Verhalten variiert.

> **!** **Beispiele für ein zweigeteiltes Stresstier®**
>
> Affe 14 Punkte, Löwe 14 Punkte, Gazelle 9 Punkte
> oder
> Gazelle 16 Punkte, Affe 13 Punkte, Löwe 8 Punkte
> oder
> Löwe 19 Punkte, Gazelle 17 Punkte, Affe 1 Punkte

Wie kann das in der Praxis aussehen? Dazu gebe ich dir ein selbst erlebtes Beispiel aus dem privaten Bereich, für welches du mit Sicherheit auch im beruflichen Kontext Parallelen ziehen kannst.

Als ich mit meiner Familie und meinen Schwiegereltern auf Ameland, unserer Lieblingsinsel, war, saß ich einen Abend mit meinem Schwiegervater bei einem gemütlichen Bierchen zusammen. Wir ließen den Tag Revue passieren und aus einer Laune heraus schlug ich meinem Schwiegervater vor, am nächsten Tag eine Fahrradtour zu zweit zu machen. Ich muss dazu sagen, dass mein Schwiegervater einen ausgeprägten Löwenanteil in sich trägt. In Bezug auf das Fahrradfahren drückt sich das darin aus, dass er mit seinen über 70 Jahren fast täglich fährt. Eine Fahrradtour beginnt bei ihm nicht unter 40 Kilometern. Dies widerspricht tendenziell komplett meinen Vorstellungen vom gemütlichen Radeln. So war ich dann auch am nächsten Tag nach der gemeinsamen Radtour, bei der mein Schwiegervater ein hohes Tempo vorgegeben hatte, fix und fertig, während er noch eine kleine Tour machte, weil der Ausflug mit mir ihn noch nicht ausgelastet hatte. Soweit zum Löwen-Anteil.

Am nächsten Tag machten wir erneut eine Fahrradtour, allerdings mit der ganzen Familie: meine Frau, unsere Kids und meine Schwiegereltern. Das Tempo wird diesmal von unserem 5½-jährigen Sohn vorgegeben. Diesmal überwiegt der ebenfalls vorhandene Gazellen-Anteil bei meinem Schwiegervater und er fährt gemütlich in der Herde mit.

Alles ist gut bis zu dem Zeitpunkt, an dem Teilnehmer des gleichzeitig auf Ameland stattfindenden Cross-Triathlons Tri-Ambla mit ihren Trainingseinheiten auf unsere Gruppe treffen. Denn dann wechselt das Verhalten meines Schwiegervaters schlagartig: Jedes Mal, wenn ein Fahrradfahrer von hinten anschießt und uns überholt, bekommt er den Blick eines Jagdhunds, nimmt den Fahrradfahrer ins Visier und gibt Gas. Da ist er, der Löwen-Anteil. Nach kurzer Zeit bemerkt der Gazellen-Anteil in ihm allerdings, dass er die Herde verliert, und er lässt sich wieder zurückfallen, bis der nächste Fahrradfahrer sich anschickt, uns zu überholen. Dieses Spiel geht die gesamte Fahrradtour so weiter. Ich schätze, dass mein Schwiegervater an diesem Tag etwa die dreifache Strecke zurückgelegt hat wie wir. An diesem Abend brauchte er erstaunlicherweise auch keine weitere Fahrradtour.

Du siehst also, dass die Ausprägung zweier Stresstiere ein ambivalentes Verhalten in dir hervorrufen kann. Je nachdem, welche Situation von deinem Stresstier®-Teil gerade als wichtiger erachtet wird, kann es zu einem deutlichen Wechsel im Verhalten kommen. Wenn du es einordnen kannst, wird schnell klar, was sich dort gerade unbewusst abspielt. Auf Menschen jedoch, die um die Stresstier®-Thematik nicht wissen, kann dieses wechselhafte Verhalten sehr irritierend wirken.

Vielleicht hast du auch gerade Menschen vor Augen, die sich in bestimmten Situationen scheinbar sehr wechselhaft verhalten. An dieser Stelle lohnt es sich einmal, zu überprüfen, ob möglicherweise zwei stark ausgeprägte Stresstiere dahinterstecken können.

Variante 4: Du hast eine Gleichverteilung der Stresstier®-Anteile

DAS FLEXIBLE STRESSTIER®

Von einem flexiblen Stresstier® sprechen wir, wenn die Punktzahlen der drei Stresstiere in etwa gleich verteilt sind.

Wenn dein Ergebnis in etwa gleich verteilt ist, liegt eine hohe Wahrscheinlichkeit vor, dass du alle drei Stresstier®-Anteile in dir trägst und sich dein Verhalten, je nach Situation, unterschiedlich gestaltet. Von einer Gleichverteilung sprechen wir, wenn die Punktzahlen von der höchsten bis zur nächstniedrigeren jeweils nicht mehr als 6 Punkte voneinander differieren. Ziehe zur Überprüfung den zweithöchsten Punktwert vom höchsten ab und den niedrigsten vom zweithöchsten. Wenn das Ergebnis jeweils 6 oder weniger beträgt, liegt eine Gleichverteilung vor. Du besitzt in diesem Fall eine größere Flexibilität, situativ zu reagieren.

Beispiele für eine Gleichverteilung

Affe 14 Punkte, Löwe 12 Punkte, Gazelle 11 Punkte
oder
Gazelle 15 Punkte, Affe 12 Punkte, Löwe 10 Punkte
oder
Löwe 13 Punkte, Gazelle 12 Punkte, Affe 12 Punkte

!

Im Alltag zeigt sich die gleichverteilte Ausprägung der Stresstiere darin, dass dein Verhalten situativ unterschiedlich ist und keine genaue Voraussage darüber getroffen werden kann, welches Verhaltensmuster du anwenden wirst. Manchmal explodierst du, manchmal gehst du in den Rückzug und an anderen Stellen spürst du das Verlangen nach Austausch. Da du eine gewisse Verhaltensflexibilität aufweist, ist es für dich von den Ausprägungstypen her am einfachsten, dein Verhalten bewusster zu steuern.

Wenn du also das komplette Verhaltensrepertoire in dir trägst, solltest du dir in Stresssituationen bewusst machen, welchen der Wege du wählen möchtest und welcher der Situation im Moment am ehesten dienlich ist. Mit deiner Mischausprägung ist es möglich, bewusst auf jeweils ein anderes Verhaltensmuster zurückzugreifen, wenn du das Gefühl hast, dass dich dieses in der Situation eher weiterbringen könnte, da es keine klare Dominanz gibt und die einzelnen Verhaltensstrukturen recht nah beieinanderliegen. Wenn du instinktiv reagierst, werden die Stresstiere oftmals in der Abfolge ihres Punktwertes bedient. Das bedeutet, je mehr du unter Stress gerätst, desto eher wird das Stresstier® mit der höchsten Punktzahl dein Verhalten bestimmen.

Was die Verhaltensweisen der Stresstiere konkret und im Einzelnen sind, habe ich dir im Folgenden noch einmal zusammengefasst.

5.2   Was du aus deinem Stresstier®-Test lernen kannst

Gazelle

Als Gazellen-Typ werden viele deiner Handlungen durch das Stammhirn beeinflusst. Das Hormon, welches bei dir eine entscheidende Rolle spielt, ist Oxytocin, das Kuschelhormon. All deine Handlungen sind geprägt von einem großen Maß an Gefühl. Vor allem das Verbundenheitsgefühl spielt hier eine große Rolle. Beziehungen und Bindungen zu anderen Menschen haben einen großen Stellenwert in deinem Leben. Von anderen Menschen isoliert zu sein oder sogar hintergangen zu werden, bereitet dir großen Stress. Du hast ein gutes Gespür für die Bedürfnisse und Belange anderer Menschen und giltst allgemein als Sympathieträger. Du bist der Kitt in sozialen Gefügen und verwendest viel Zeit für den Aufbau und die Pflege von Beziehungen und Freundschaften. Vertraute Strukturen geben dir Sicherheit. Erfahrungen und Traditionen bieten Stabilität in deinem Leben. Unter massiven Stress gerätst du, wenn zu viele Veränderungen auf einmal auf dich einwirken.

> **VERHALTENSTIPP**
>
> In Stresssituationen kann es dir vor allen Dingen helfen, wenn du dich mit anderen Menschen austauschst. Gewohnte Rituale geben dir dabei Halt und Sicherheit. Vertraute Menschen in deinem Umfeld können dir helfen, Stress zu reduzieren. Gönn dir, gerade in stressigen Situationen, gesellige Stunden mit Menschen, die dir nahestehen. Sorge dafür, dass die Ordnung in deinem Leben, das Vertraute und Ritualisierte, so schnell wie möglich wiederher-

gestellt wird. Schwebesituationen, in denen Entscheidungen offen sind, sollten so schnell wie möglich abgestellt werden. Dies gibt dir die Sicherheit zurück. Wichtig ist, dass du Frust und Ärger nicht in dich hineinfrisst, sondern aktiv in die Kommunikation nach außen gehst.

Löwe

Als Löwen-Typ werden viele deiner Handlungen durch das Zwischenhirn beeinflusst. Das Hormon, welches bei dir eine entscheidende Rolle spielt, ist Adrenalin. Adrenalin wird auch als Emotions- oder Kampfhormon bezeichnet. Gerade in stressigen Situationen kommt es zu einem massiven Energieüberschuss, der kanalisiert werden will. Deine Handlungen sind vornehmlich geprägt von einem großen Maß an impulsiven Emotionen. Wettbewerb und Siegeswillen haben einen großen Stellenwert in deinem Leben. Keinen Einfluss zu haben und mangelnde Entfaltungsfreiheit bereiten dir großen Stress. Du hast ein gutes Durchsetzungsvermögen und giltst allgemein als Antreiber und Motivator. Du besitzt eine natürliche Autorität und verwendest viel Zeit dafür, die Dinge am Laufen zu halten und dich mit anderen zu messen. Die Gestaltungsmöglichkeiten im Hier und Jetzt geben dir Energie. Impulsivität und Aktivität sind der Treibstoff in deinem Leben. Unter massiven Stress gerätst du, wenn du in irgendeiner Art und Weise in deinem Handeln eingeschränkt wirst. Klare Hierarchien und Regeln stellen den Zustand der Sicherheit her.

VERHALTENSTIPP

In Stresssituationen kann es dir helfen, wenn du deinem Ärger Luft machen kannst. Einfach mal »die Sau rauszulassen«, kann dich unterstützen, den Stress zu reduzieren. Gönn dir, gerade in stressigen Situationen, viel Action und begib dich in ein Umfeld, in dem du das Sagen hast und die Fäden in der Hand hältst. Sorge dafür, dass dein Handlungsspielraum so schnell wie möglich wiederhergestellt wird. Sollte es unklare Rangordnungen oder Rahmenbedingungen geben, so ist es für das eigene Wohlbefinden gut, wenn diese so schnell wie möglich geklärt werden. Hilfreich kann für dich sein, deinen Frust einfach mal laut herauszuschreien oder gezielt auf einen Gegenstand zu richten. Tätigkeiten wie Holzhacken zum Beispiel können ein hervorragendes Mittel zum Abreagieren sein. In Japan gibt es spezielle Freizeiteinrichtungen für dieses Stresstier®. In diesen Einrichtungen können in speziell dafür vorgesehenen Räumen Teller und Tassen zerdeppert oder Möbel zerhackt werden. In Deutschland bieten einige Schrottplätze die Möglichkeit an, Autos zu demolieren. Vielleicht ist das ja von Zeit zu Zeit eine schöne Methode für dich, den Stress zu reduzieren.

Affe

Als Affen-Typ werden viele deiner Handlungen durch das Großhirn beeinflusst. Das Hormon, welches bei dir eine entscheidende Rolle spielt, ist Melatonin. Melatonin ist auch bekannt unter dem Namen Schlaf-Wach-Hormon, da es den Schlafhaushalt reguliert. All deine Handlungen sind geprägt von einem großen Maß an Planung und Ruhe. Dinge, Menschen und Situationen zu beobachten und zu analysieren, hat einen großen Stellenwert in deinem Leben. Fehlende Informationen und das Erfordernis von Improvisation bereiten dir in der Regel großen Stress. Du hast ein gutes Abstraktionsvermögen und giltst allgemein als Analytiker. Du besitzt zudem eine gute Beobachtungsgabe und verwendest viel Zeit damit, die Dinge zu verstehen und Neues zu entwickeln. Das Streben nach Neuem gibt dir Energie. Planung und Ordnung bringen die notwendige Ruhe in dein Leben. Unter massiven Stress gerätst du, wenn deine Privatsphäre eingeschränkt wird und Menschen dir zu nahe sind.

> **VERHALTENSTIPP**
>
> In Stresssituationen kann es dir helfen, wenn du die Möglichkeit hast, dich zurückzuziehen. Strukturen und die Aussicht auf geplante Veränderungen geben dir Sicherheit, Halt und Antrieb. Einfach mal für dich allein zu sein, hilft dir dabei, Stress zu reduzieren. Gönn dir, gerade in stressigen Situationen, Ruhe und die Möglichkeit, Struktur in dein Leben zu bringen, nachzudenken und die nächsten Schritte zu planen. Sorge dafür, dass die Ordnung so schnell wie möglich wiederhergestellt wird und sich neue Perspektiven entwickeln können. Im Alltag kann es dir beispielsweise helfen, zwischendurch einmal einen kleinen Spaziergang zu machen, um den Kopf wieder freizubekommen – alleine versteht sich.

6 Akzeptier das Tier in dir

Lerne durch dein inneres Stresstier®, was dir wichtig ist im Leben, was dir Energie und Power gibt und in welche Situationen du dich möglichst wenig begeben solltest, weil sie dich übermäßig viel Energie kosten.

Die Frage: »Was ist dir eigentlich wichtig im Leben«, ist eine der elementarsten Fragen, die du dir stellen kannst. Bei vielen Menschen variiert die Antwort auf diese Frage. Heute so, morgen so – und das ist das Fatale. Wenn dir die eigenen Lebensprioritäten nicht klar sind, dann kommt es in der Folge dazu, dass du anfängst, in deinem Leben unglücklich zu werden und das Gefühl des Ausgebranntseins entsteht.

Das hat mehrere Gründe. Zum einen hast du, wenn mehrere Sachen gleichzeitig anstehen, keine klare Linie, was deine eigenen Entscheidungsprozesse angeht. Dies wiederum führt dazu, dass du übermäßig viel Energie dafür aufwenden musst, um überhaupt eine Entscheidung zu treffen. Im schlechtesten Fall werden Entscheidungen auf die lange Bank geschoben und es tritt eine Art Vermeidungsverhalten auf, bis es wirklich nicht mehr anders geht. Wenn du dann endlich eine Entscheidung getroffen hast, kommt es oft zu der Frage, ob es auch wirklich die richtige Entscheidung war, und du verwendest wiederum viel Energie darauf, zu zweifeln.

Kommt dir die Situation bekannt vor?

Auch wenn der Bereich der Entscheidungen auf den ersten Blick nebensächlich erscheinen mag, so wird die Signifikanz klar, wenn du dir bewusst machst, dass es im Durchschnitt pro Tag etwa 20.000 Dinge gibt, die entschieden werden müssen. Der Prozess der Entscheidung stellt für unser Unterbewusstsein dabei stets eine Spannungssituation dar, da der innere Antrieb besteht, eine klare Struktur zu erzeugen und somit eine Richtung einschlagen zu können, in die die Energie gelenkt werden soll. Das Wort Entscheidung beinhaltet hierbei schon den gewünschten Endzustand: das Ende einer Scheidung.

Wenn dir deine eigenen Lebensprioritäten nicht bewusst sind, dann wird es dir tendenziell schwerer fallen, Entscheidungen zu treffen. Vor allem, wenn es Entscheidungen sind, die unter Zeitdruck getroffen werden sollen. Dabei ist es enorm wichtig, sich zu entscheiden, weil das Unterbewusstsein sich sonst in einer Schwebesituation befindet und Energie ins Leere läuft. Das verunsichert und macht unzufrieden. Zudem blockiert die nicht getroffene Entscheidung Ressourcen, da der Prozess im Hintergrund weiterschwelt.

Oftmals spielen im Hintergrund bei mangelnder Entscheidungskompetenz Verlust-
ängste eine Rolle, weil bei den meisten Entscheidungen eine Alternative ausgeschlos-
sen wird. Fehlt jetzt noch die nötige Orientierung anhand der eigenen Lebenspriorität-
ten, fehlt die Grundlage, auf der Entscheidungen fundiert getroffen werden können.
Kurioserweise kommt es in solchen Fällen oft dazu, dass einer ausgeschlossenen Alternative hinterhergetrauert wird, statt sich über die gewählte zu freuen und sich bewusst
darauf zu konzentrieren.

Der US-amerikanisch-israelische Psychologe Dan Ariely machte dazu ein bemerkens-
wertes Experiment[17]: Die ausgewählten Probanden bekamen auf einem Bildschirm
drei verschiedenfarbige Türen eingeblendet. Für eine Tür sollten sie sich entscheiden.
Taten sie dies, so öffnete sich der entsprechende Raum hinter der Tür und es wurden
drei neue Türen in den ursprünglichen Farben eingeblendet. In jedem der Räume
befanden sich unterschiedliche Geldbeträge, die virtuell eingesammelt werden konn-
ten. Ziel des Experiments war es, mit hundert zur Verfügung stehenden Klicks einen
möglichst hohen Betrag einzusammeln. Dabei sollte nach Möglichkeit eine Strategie
entwickelt werden, da wahlloses Klicken die Gewinnaussichten erheblich schmälerte.

Eine kleine Finesse beeinflusste bei diesem Experiment die Entscheidung der Teilnehmer signifikant: Wurde eine Tür mit derselben Farbe zwölf Mal hintereinander
nicht angeklickt, so verschwand sie komplett. Sobald die Teilnehmer dies bemerkten,
wechselten die meisten sofort die Vorgehensweise und klickten wild durcheinander,
nur um zu vermeiden, dass sich eine Tür dauerhaft schloss. Dadurch schmälerten sie
automatisch ihre Gewinnchance, weil sie unsystematisch zu viele Versuche ins Leere
laufen ließen. Hätten sie allerdings weitergemacht wie bisher, dann hätten sie einen
maximalen Geldbetrag erzielt. Denn unter dem Strich wurden lediglich die Wahloptio-
nen weniger, nicht aber das Geld.

Deshalb ist es wichtig, dass du bei größeren Entscheidungen immer deine Lebenspriо-
ritäten, dein Stresstier®, deine Motive und Antreiber mit einbeziehst und schaust, welche Option dich am meisten unterstützt. Damit hast du gute Anhaltspunkte, die dir
bei der Wahl und der Entwicklung einer Strategie helfen können. Wichtig ist es auch,
dass du Entscheidungen nicht auf die lange Bank schiebst, sondern den Prozess des
Auswählens genießen lernst. In den meisten Fällen ist das erste Bauchgefühl sogar
erstaunlich treffsicher und kann durch die Kenntnis deiner eigenen Persönlichkeit
noch einmal klarer hervortreten. Frage dich auch ehrlich, was die weitreichenden
Konsequenzen sind, falls du dich »falsch« entschieden haben solltest. In den meisten Fällen lassen sich Entscheidungen korrigieren und heilen und es lohnt sich nicht,

---

17   Siehe dazu: Dr. Ariely, Dan, Predictably Irrational, Revised: The Hidden Forces That Shape Our Decisions.
     Revised And Expented Edition, London, 2009.

diesen nachzutrauern. Schau unter Einbeziehung deiner Erkenntnisse aus deiner Persönlichkeit auch immer, ob es noch eine weitere Alternative gibt, die du noch nicht berücksichtigt hattest.

Ein weiterer Faktor fehlender Lebensprioritäten ist, dass Lebensglück zu einem Zufallsprodukt wird – weil es eben eher auch ein Zufall ist, dass du eine Entscheidung in Richtung deiner Lebenswerte triffst. Es ist daher sinnvoll, dass du dir einmal Zeit dafür nimmst, zu klären, was deine Werte im Leben sind und in welcher Reihenfolge diese stehen. Du wirst dabei feststellen, dass sich dein eigenes Stresstier® dadurch noch einmal ausdifferenzieren wird und dir noch klarer wird, was dich im Leben bewegt und warum du dich auf deine ureigene Art und Weise verhältst.

Mit dem Ergebnis kannst du dann in Zukunft entspannter arbeiten. Wenn deine Werte und deren Gewichtung feststehen, dann brauchst du in Zukunft nur noch diese Liste zur Hand zu nehmen und abzugleichen. Die Alternative, die am ehesten deiner Wertepriorität entspricht, ist dementsprechend die bevorzugte Wahl.

Probiere es am besten gleich einmal aus. Nimm dir 20 Notizzettel und einen Stift. Notiere pro Notizzettel einen für dich bedeutsamen Wert.

> **Persönliche Werte**   !
>
> Werte sind Eigenschaften, Qualitäten oder Glaubenssätze, die für dein Leben wichtig sind. Dies können zum Beispiel Familie, Hilfsbereitschaft, Respekt, ein erfüllender Job, Unabhängigkeit, Wissensdurst, modische Kleidung oder Ähnliches sein.

Im folgenden Kasten sind einige Beispiele in einer Werteliste abgedruckt, um dir eine Hilfestellung zu bieten. Du kannst selbstverständlich auch Werte nehmen, die in der Liste nicht abgedruckt sind. Wichtig ist, dass du selbst dich mit dem Wert identifizieren kannst, bzw. der Begriff für dich einen prägnanten Wert darstellt. Es gibt dabei kein Richtig und Falsch, sondern es geht bei dieser Übung darum, dir selbst klarzumachen, welche Dinge dir in deinem Leben wichtig sind und welche dich eher belasten.

Wenn du die Zettel vorbereitet hast, dann bringe sie in die Reihenfolge gemäß der Bedeutung für dich persönlich. Das heißt, je wichtiger dir ein Wert ist, desto weiter steht er in der Reihenfolge oben. Dies kannst du auf ganz einfache Art und Weise herausfinden. Nimm dir zwei Zettel und frage dich: »Welcher dieser beiden Werte ist wichtiger für mich?« Den wichtigeren Wert legst du an die erste Stelle, den anderen auf Platz zwei. Dann nimmst du den nächsten Zettel und gleichst ihn mit dem Wert auf Platz eins ab. Ist er dir wichtiger als der bisherige erste Wert, dann wandert er nun auf Platz eins und die Reihenfolge verschiebt sich um eine Position nach unten. Wenn nicht, gleichst du ihn mit dem zweiten Wert ab usw. Wenn du das mit allen Zetteln gemacht und die Werte untereinander abgeglichen hast, dann steht die Prioritätenliste deiner Werte fest. Erfahrungsgemäß kann es hilfreich sein, wenn dir eine zweite Person assistiert, die dir von außen die Frage stellt und die Reihenfolge für dich legt, du kannst den Test aber auch allein durchführen.

Sobald du Klarheit in deinen Werten hast, kannst du in Entscheidungssituationen einfach schauen, welche Entscheidung die einzelnen Werte am besten bedient.

> **!** **Die Werteliste**
>
> Nachfolgend findest du eine Auswahl von Werten, die du für diese Übung verwenden kannst. Natürlich kannst du diese Werte beliebig ergänzen oder abwandeln. Wichtig ist, dass du dich mit den Begriffen identifizieren kannst.
>
> *Abenteuer Abgeklärtheit Abwechslung Achtsamkeit Achtung Action Aggressivität Akribie Aktualität Akzeptanz Albernheit Alleinsein Altruismus Andersartigkeit Anerkennung Anmut Ansehen Anstand Anwendbarkeit Ästhetik Aufgeschlossen Aufregung Ausdauer Ausdrucksfähigkeit Ausgeglichenheit Ausgewogenheit Austausch Authentizität Balance Begeisterung Begierde Beharrlichkeit Beherrschung Behutsamkeit Berühmt sein Bescheidenheit Besitz Besonnenheit Beständigkeit Bestätigung Bestimmen können Beweglichkeit Bewusstheit Bindung Brillanz Charisma Charme Coolness Dankbarkeit Demut Direktheit Diskretion Disziplin Dominanz Durchsetzung Edelmut Effektivität Effizienz Ehrfurcht Ehrgeiz Ehrlichkeit Eigenständigkeit Einfallsreichtum Einsicht Einssein Einzigartigkeit Ekstase Eleganz Empathie Engagement Entdecken Enthusiasmus Entscheidung Entschlossenheit Entwicklung Erfolg Ernsthaftigkeit Erotik Expertise Fairness Familie Feiern Fitness Fleiß Flexibilität Flow Freiheit Freizügigkeit Freude Freundschaft Freundeskreis Frieden Fröhlichkeit Frohsinn Führen Fülle Furchtlosigkeit Fürsorge Geben Geborgenheit Geduld Gehorsam Gelassenheit Gemeinschaft Genauigkeit Genialität Genuss Gerechtigkeit Geselligkeit Gesundheit Glaubwürdigkeit Gleichmut Glück Großzügigkeit Güte Harmonie Häuslichkeit Heimat Herausforderung Herzlichkeit Hingabe Hoffnung Höflichkeit Humor Hygiene Idealismus Innovation Inspiration Integration Integrität Intimität Introversion Intuition Jugendlichkeit Kameradschaft Klarheit Klugheit Komfort Kommunikation Kompetenz Konservativ Kontrolle Kraft Kreativität Kultur Lachen Laube Lebensfreude Lebenslust Leichtigkeit Leidenschaft Leistung Leitung Liebe Loyalität Lust Macht Menschlichkeit Mitgefühl Motivierend Nachhaltigkeit Nächstenliebe Nähe Natur Natürlichkeit Neugierde Neutralität Offenheit Optimismus Ordnung Perfektion Pflichtgefühl Phantasie Präsenz Präzision Pünktlichkeit Rätselhaftigkeit Realismus Redlichkeit Reichtum Reisen Respekt Rücksicht Rücksichtnahme Ruhe Ruhm Sammeln Sanftmut Sauberkeit Schönheit Schutz Selbstbestimmt Selbstdisziplin Sensibilität Sex Sicherheit Sinn Sinnlichkeit Solidarität Sorgfalt Sozial sein Sparsamkeit Spaß Spielen Spiritualität Sportlichkeit Stabilität Standfestigkeit Tapferkeit Team Teamgeist Teilen Tiefe Toleranz Tradition Transparenz Träumen Treue Tüchtigkeit Überraschung Unabhängigkeit Unbestechlich Unterwürfigkeit Veränderung Verantwortung Verbindlichkeit Verbundenheit Vermögen Vernetzung Verzeihen Vielfalt Vitalität Wachsamkeit Wandel Wärme Weisheit Weiterentwicklung Weitsicht Weltbürger sein Wertschätzung Wissen Würde Zärtlichkeit Zentriert Zeitverantwortung Zugehörigkeit Zweisamkeit Zuverlässigkeit Zuversicht Zuneigung*

Notiere hier deine 20 wichtigsten Lebensprioritäten:

1	
2	
3	
4	
5	
6	
7	
8	
9	
10	
11	
12	
13	
14	
15	
16	
17	
18	
19	
20	

Tab. 8: Persönliche Werteliste

Sobald dir deine vorrangigen Werte bewusst sind, hast du eine gute Ausgangsbasis für eine positive Veränderung in Stresssituationen.

Arbeitshilfen online

Die persönliche Werteliste finden Sie auch auf www.haufe.de/arbeitshilfen.

6.1   Wie kann Veränderung gelingen?

Oftmals begegnet mir in meinen Seminaren und Coachings die Frage, wie Veränderung leichter gelingen kann. Dazu kannst du hervorragend auf die Erkenntnisse aus deinem Stresstier®-Test zurückgreifen. Du solltest dir an dieser Stelle noch einmal klarmachen, dass unsere Verhaltensweisen im Wesentlichen aus dem Unterbewusstsein gesteuert werden. In Kapitel 3 »Welche Rolle spielt das Stresstier® in unserem Leben?« hatte ich dir den Eisberg vorgestellt und du hast gesehen, dass die 80 Prozent unterhalb der Wasseroberfläche für unsere Kommunikation eine wesentliche Rolle spielen. Dies gilt nicht nur bezogen auf Kommunikationsprozesse, sondern stellt auch einen entscheidenden Faktor in Veränderungsprozessen dar. Wenn auf dieser 80-Prozent-Ebene die Entscheidung getroffen wird, dass lieber alles beim Alten bleiben soll, dann kann deine rationale Ebene nicht dagegen anarbeiten.

Daher ist es für alle Situationen, in denen du eine Veränderung für dich erreichen möchtest, enorm wichtig, dass du die Motivatoren in diesem Bereich ansetzt. Erst wenn dein Stresstier® besänftigt und deine Motive und Antreiber ausreichend berücksichtigt sind, dann wird ein neues Verhalten möglich sein.

An dieser Stelle greife ich gerne den Wunsch einiger Menschen auf, mit dem Rauchen aufzuhören. Allein die Formulierung dieses Wunsches sollte dich mittlerweile aufhorchen lassen. Du siehst, dass es sich zum einen um eine Von-weg-Motivation handelt und zum anderen wird hier kein Endzustand, sondern ein Prozess formuliert, der für dein Unterbewusstsein nicht attraktiv klingt. Ähnlich ist es mit dem Wunsch, abzunehmen. Auch hier ist tendenziell eine Von-weg-Motivation hinterlegt und es wird ein Prozess und kein Endergebnis beschrieben. Ich glaube, die wenigsten Menschen wollen abnehmen, da dies in den meisten Fällen die unangenehmere Phase bei der Erreichung des Ziels darstellt und oftmals mit Verzicht und Einschränkung zu tun hat. Das Endergebnis kann ein gut definierter Körper, mehr Beweglichkeit oder ein Sixpack sein, dennoch bleiben viele Menschen im Bild des Abnehmens. Was daraus häufig entsteht, ist der sogenannte Jo-Jo-Effekt. Dein Unterbewusstsein erfüllt den Wunsch, verliert einige Kilos, um dann wieder zuzunehmen, damit du erneut abnehmen kannst. Ohne ein klar und attraktiv formuliertes Ziel jedoch wird das Auf und Ab so weitergehen. Manchmal wird das Gewicht bei diesem Ziel sogar höher, da die Unterwasserebene nach der Logik arbeitet: Je mehr du zunimmst, desto mehr kannst du abnehmen.

Doch zurück zu unserem Raucherbeispiel. Mittlerweile hat sich herumgesprochen, dass Rauchen nicht gerade gesundheitsfördernd ist und auch die Politik hat an dieser Stelle reagiert. Seit dem Jahr 2003 werden die schön designten Zigarettenschachteln mit Warnhinweisen auf der Packung versehen. Du hast sie mit Sicherheit schon einmal wahrgenommen: »Rauchen kann tödlich sein« oder »Rauchen fügt Ihnen und den Menschen in Ihrer Umgebung erheblichen Schaden zu« sind zwei von 16 Sprüchen, die seitdem die Schachteln zieren. Im Jahr 2014 wurden diese Hinweise noch einmal größer auf die Packungen gedruckt, sodass sie mindestens 65 % der gesamten Packung einnehmen – also kaum noch Platz für schönes Design. Die Idee dahinter war es unter anderem, Raucher dazu zu animieren, weniger Zigaretten zu konsumieren.

Drastische Szenen spielen sich seitdem bei den Rauchern ab. Der Raucher kauft die Zigaretten, liest den Spruch und retourniert sofort die Zigarettenschachtel? Wohl eher nicht, die Sprüche auf den Packungen bewirkten im Verhalten des Konsumenten erst einmal nichts in diese Richtung. Daraufhin wurde beschlossen, die Warnhinweise visuell umzusetzen und seit dem Jahr 2016 sind die sogenannten »Schockbilder« auch in Deutschland auf den Schachteln abgedruckt. Du findest hier kaputte Zähne, Raucherbeine und Embryonen im Aschenbecher. Auch dies konnte viele Raucher nicht davon abbringen, weiterhin dem Rauchopfer zu frönen. Einige Raucher steigerten sogar ihren Zigarettenkonsum. Doch worin kann dieses Verhalten begründet sein?

Um dies zu verstehen, musst du dir die Frage stellen, warum ein Raucher raucht. Viele tun dies zum Stressabbau. Wir sind uns, so denke ich, einig, dass Rauchen nicht wirklich Genuss bedeutet. Es schmeckt nicht, es stinkt und es ist gesundheitsschädlich. Dennoch rauchen Menschen, weil ihr Unterbewusstsein das Gefühl hat, dass es ihnen Entspannung gibt. Wesentlich verantwortlich dafür sind die positiven Erfahrungen, die während des Rauchens entstehen und an die Zigarette gekoppelt werden. Das nette Gespräch, die schöne Atmosphäre, die kleine Pause. Und mit jeder Zigarette in einer solchen Situation wird das Rauchen nach und nach positiver besetzt. Jede neue Zigarette dient als Schlüsselreiz, um diese Erfahrungen unterbewusst wieder hervorzurufen. Wenn der Raucher nun die Sprüche liest und die Bilder sieht, dann bereitet das Einigen, wie auch mir als Nichtraucher, Stress, weil es einfach nicht schön ist. Und was macht ein Raucher im Stress? – Richtig: rauchen.

Somit kann diese gutgemeinte Form der Raucherentwöhnung dazu führen, dass genau das Gegenteil erreicht wird. Zudem wird der Platz unterschätzt, den das Thema Rauchen bei einem Exemplar dieser Sorte einnimmt. In meinen Seminaren mache ich dazu ein einfaches Rechenbeispiel auf. Nehmen wir einmal einen »echten« Raucher. Also nicht die Gazelle, die ein bis zwei Zigaretten pafft, um auch in der Raucherecke stehen zu dürfen, sondern einen Profi. Einmal angenommen, er raucht 20 Zigaretten am Tag und benötigt pro Zigarette etwa fünf Minuten. Dann verbringt dieser Mensch also 100 Minuten am Tag mit dem Rauchen. Gehen wir des Weiteren einmal davon aus, dass er jeden Tag raucht. Dann kommen wir bei durchschnittlich 30 Tagen pro Monat auf einen Rauchkonsum von ungefähr 3.000 Minuten. Bei 12 Monaten macht das 36.000 Minuten im Jahr aus, die dieser Mensch rauchend verbringt. Wenn wir das Ganze auf 24-Stunden-Tage herunterrechnen, so kommen wir in unserem Beispiel auf 25 Tage, die in dieses Hobby investiert werden. 25 Tage á 24 Stunden rund um die

Uhr. Wenn unser Beispielexemplar nun auf die Idee kommt, sich das Rauchen abzuge-wöhnen, und beschließt, die Zigaretten einfach wegzulegen, dann wird spätestens an dieser Stelle das Unterbewusstsein rebellieren.

Ab und an sitzt ein solcher Mensch dann bei mir im Coaching und lässt seinem Frust freien Lauf. Das klingt dann häufig folgendermaßen:

- Ex-Raucher (traurig und sauer): »Ich habe mit dem Rauchen aufgehört.«
  Ich: »Wie haben Sie das denn gemacht?«
- Ex-Raucher (mit gewissem Stolz): »Ich habe die Zigaretten einfach weggelegt.«
  Ich: »Prima! Wo ist das Problem?«
- Ex-Raucher (den Tränen nahe): »Es ist alles so schrecklich!«
  Ich: »Was ist schrecklich?«
- Ex-Raucher (heulend): »Das mit dem Stoffwechsel!!!«
  Ich: »Was ist denn los mit Ihrem Stoffwechsel?«
- Ex-Raucher (schluchzend). »Der ist total kaputt, der hat sich total umgestellt. Ich habe echt viel zugenommen!«
  Ich: »O. K., nur damit ich es nachvollziehen kann: Was machen Sie denn statt des Rauchens?«
- Ex-Raucher (überrascht): »Nichts, was soll ich machen?«
  Ich: »Nur nochmal zur Überprüfung, ob ich es richtig verstanden habe: Sie haben 20 Zigaretten am Tag geraucht?«
- Ex-Raucher (überzeugt): »Ja!«
  Ich: »Und dann haben Sie die Zigaretten einfach weggelegt und machen stattdes-sen nichts?«
- Ex-Raucher (stolz): »Ja!«
  Ich: »Und dann hat sich plötzlich Ihr Stoffwechsel umgestellt?«
- Ex-Raucher (nachdenklich): »Ja! Und dann habe ich echt viel zugenommen.«
  Ich: »Kann es sein, dass Sie nicht nichts machen, sondern statt zur Zigarette jetzt eher mal zu den Gummibärchen greifen?«
- Ex-Raucher (irritiert): »Ja, das schon, weil ich mich ja irgendwie ablenken muss!«

Dann muss ich mit meinem Coachee Klartext reden.

- Ich: »O. K., lassen Sie mich noch einmal zusammenfassen. Sie haben 20 Zigaret-ten am Tag geraucht, dann die Zigaretten einfach weggelegt und essen nun statt-dessen Gummibärchen und haben jetzt das Gefühl, dass mit Ihrem Stoffwechsel irgendetwas nicht stimmt.«
  Ex-Raucher (bestätigend): »Genauso ist es!«
- Ich: »Entschuldigen Sie bitte, wenn ich 25 Tage im Jahr rund um die Uhr Gummi-bärchen essen würde, dann würde mit meinem Stoffwechsel auch irgendetwas nicht stimmen. Was ist Ihre Frage?«

An dieser Stelle sehe ich es dann bei meinem Gegenüber oft rattern und meinem Coachee werden zum ersten Mal die Zusammenhänge zwischen bewusstem und unbewusstem Verhalten klar.

Wenn du also ein Verhalten, das du selbst negativ besetzt hast, ändern möchtest, dann solltest du dir als Erstes klarmachen, welche Vorteile dieses scheinbar negative Verhalten deinem Unterbewusstsein zurzeit bringt. Unser Verhalten stellt ein Abbild der besten Möglichkeiten dar, die uns zurzeit zur Verfügung stehen, ansonsten würden wir uns bereits auf eine andere Art und Weise verhalten. Mach dir klar, welche Bedürfnisse und Motive im Moment hinter deinem Verhalten stecken. Welche Eigenschaften deines Stresstieres werden durch dieses Verhalten befriedigt? Und dann suchst du dir Verhaltensweisen, die denselben Zweck erfüllen, dir Spaß machen und im Idealfall positiver sind. Portionsweise kannst du dann beginnen, das alte Verhalten nach und nach durch das Neue zu ersetzen. Wenn du diese Überlegungen im Vorfeld nicht anstellst, dann wird bei der Umsetzung von Veränderungen der untere Teil deines Eisbergs dafür sorgen, dass das Verhalten, das du abgelegt hast, zufällig durch ein neues Verhalten ersetzt wird, das denselben Zweck erfüllt. Ohne vorherige Planung bleibt es allerdings auch ein Zufallsergebnis, mit allen Konsequenzen, die dieses neue Verhalten hat.

Es lohnt sich also bei allen Veränderungsprozessen, einmal hinter die Kulissen zu schauen und dir zu vergegenwärtigen, welchem Zweck deine Verhaltensweisen dienen, und erst dann die Veränderung aktiv anzugehen. Abraham Lincoln, der 16. Präsident der Vereinigten Staaten von Amerika, hat einmal gesagt: »Wenn ich acht Stunden Zeit hätte, um einen Baum zu fällen, würde ich sechs Stunden die Axt schleifen.« Dieser Aphorismus ist sehr empfehlenswert für jegliche Art von Veränderungsprozessen, die du in deinem Leben anstoßen möchtest.

Damit du verstehst, was dich antreibt in deinem Leben, ist es enorm wichtig, möglichst viel über deine unterbewussten Strukturen zu wissen. Verinnerliche dir die Eigenschaften und Wünsche deines Stresstieres, mach dir klar, was deine inneren Antreiber sind, und finde heraus, welche Lebensmotive sich als roter Faden durch dein Verhalten ziehen. Dann wird es dir wesentlich leichter fallen, dein Leben aktiv zu gestalten in einer Art und Weise, wie es dir guttut.

6.2   Ich mag dich nicht, weil ich dich nicht verstehe

Wahrscheinlich hast du es in den verschiedenen Situationen auch schon einmal erlebt, dass dir ein Mensch auf den ersten Blick sympathisch ist. Oder eben unsympathisch. Doch woran liegt das? Wie kommt es, dass wir uns innerhalb der ersten Sekunden eine Meinung zu einem Menschen bilden, ohne ihn genauer zu kennen? Woran liegt es, dass wir manche Menschen näher kennenlernen möchten und uns bei anderen die ersten

Bruchteile von Sekunden genügen, in denen wir entscheiden, dass uns das Gegenüber nicht interessiert?

Es spielen hier unterschiedliche Faktoren eine Rolle, die uns innerhalb kürzester Zeit unterbewusst diese Entscheidungen treffen lassen. Eine wesentliche Rolle jedoch, das ist mittlerweile wissenschaftlich durch die unterschiedlichsten Forschungen aus den Neurowissenschaften bestätigt worden, spielen dabei unsere Spiegelneuronen. Die Spiegelneuronen sind in unserem Gehirn verantwortlich für die Empathiefähigkeit. Empathiefähigkeit bedeutet die Fähigkeit und Bereitschaft, die Beweggründe, Motive und Signale einer anderen Person zu erkennen und zu verstehen. Sozusagen den Blick mit der Brille des anderen einnehmen zu können.

Unsere Spiegelneuronen verlassen sich dabei auf Strukturen, die sie kennen. Das wiederum bedeutet im Umkehrschluss, dass du bei Verhaltensweisen und Signalen, die dir bereits vertraut sind (entweder weil du sie selber anwendest, oder aber weil du sie bereits in anderen Zusammenhängen kennengelernt hast), empathiefähiger bist als bei unvertrauten. Gleichzeitig werden beim Entschlüsseln dieser Signale deine inneren Bewertungen zu diesem Verhalten abgerufen. Einfach gesprochen bedeutet dies: Wenn du einer fremden Person begegnest, die dich an jemanden erinnert, den du sympathisch findest, dann wird dein Unterbewusstsein dich dazu bringen, dieser Person tendenziell offen zu begegnen, und du fühlst von Beginn an eine gewisse Sympathie für diese Person.

Da unsere Wahrnehmung in einer Art selbsterfüllender Vorannahme arbeitet (einige Ideen dazu hast du bereits in Kapitel 3.1 »Entscheidungen sind subjektiv« sammeln können), wirst du bevorzugt die Verhaltensweisen wahrnehmen, die mit deinem inneren Bild übereinstimmen. Andere Verhaltensweisen werden zum Teil einfach ausgeblendet oder milder bewertet, weil sie deinen inneren Schubladen entsprechend nicht vorgesehen sind und dementsprechend ausgeklammert werden. Am empfänglichsten sind wir für Verhaltensweisen, Normen, Werte und Muster, die wir selbst anwenden. Wenn wir bestimmte Eigenschaften an uns selbst schätzen, dann werden wir diese auch an anderen Personen, an denen wir diese beobachten können, als positiv wahrnehmen. Wenn wir diese an uns selbst nicht mögen, werden sie uns auch bei anderen Personen eher negativ ins Auge fallen.

Warum ist dies im Zusammenhang mit dem Stresstier® eine wichtige Erkenntnis? Ganz einfach: Wenn du zum Beispiel selber ein Gazellen-Typ bist, der sich als kontaktfreudig auszeichnet und in der Regel lächelnd durchs Leben läuft, und einer weniger kontaktfreudigen Person begegnest, die die Mundwinkel eher waagerecht hat, dann wird dir in einem ersten unterbewussten Abgleich der Verhaltensweisen diese Person möglicherweise schnell als unsympathisch erscheinen.

Wenn du jetzt allerdings um die Ausprägungen der unterschiedlichen Stresstiere weißt und dir bewusst ist, dass die zurückhaltende Kontaktfreude eher auf einen Affen-Typen schließen lässt und nichts mit der Sympathie dir gegenüber zu tun hat, und du dir zusätzlich bewusst bist, dass dieser Typ eher sparsam mit Mimik und Gestik umgeht, dann hast du die Chance, sein Verhalten neu zu bewerten. Und möglicherweise stellst du nach der ersten Unterhaltung fest, dass dein Gegenüber gar nicht so unsympathisch ist, wie deine Schubladen es dir am Anfang suggeriert haben. Sondern du findest möglicherweise interessante und spannende Facetten an deinem Gegenüber, sodass sich auf den zweiten Blick ein ganz anderes Bild ergeben kann.

Umgekehrt ist es aber auch wichtig für dich selbst, zu realisieren, dass es einen Zusammenhang zwischen diesem ersten Eindruck und den Spiegelneuronen sowie der Empathiefähigkeit gibt. Das bedeutet: Wenn du über dich selber weißt, dass du zu Verhaltensweisen neigst, die von einem unbekannten Gegenüber schnell in die Schublade »unsympathisch« eingeordnet werden könnten, dir aber diese Begegnung wichtig ist, dann solltest du in einer ersten Begegnung aktiv darauf achten, dass du eben diese Verhaltensweisen durch andere ersetzt oder nicht so stark zum Vorschein treten lässt. Das bietet die Möglichkeit, dass dein Gegenüber nicht sofort beim ersten Eindruck ablehnend reagiert, sondern dass du die Chance bekommst, etwas mehr von dir preiszugeben, und deinem Gegenüber somit ermöglichst, einen umfassenderen Eindruck von dir zu gewinnen. Dies sollte aber nie zulasten deiner Persönlichkeit gehen, wie das nächste Kapitel zeigt.

7 Das Stresstier® und die soziale Erwünschtheit

Als »soziale Erwünschtheit« wird in der Sozialwissenschaft die Neigung genannt, Fragen auf eine Art und Weise zu beantworten, von der man glaubt, dass sie so eher auf Anerkennung stoßen, obwohl sie nicht der eigenen inneren Meinung entsprechen. Dieses Phänomen der sozialen Erwünschtheit kann dir im indirekten Zusammenhang auch im Umgang mit deinem eigenen Stresstier® begegnen. Je nachdem, in welchem Umfeld du dich aufhältst, können einige Eigenschaften, die dein Stresstier® aufweist, allgemein anerkannt sein, andere hingegen sind weniger anerkannt. An solchen Stellen kann es dir passieren, dass du anfängst, dich zu verbiegen, statt offen darüber zu kommunizieren. Für dein persönliches Wohlbefinden ist diese Tendenz nicht förderlich, da du dich in diesen Situationen auf eine Art und Weise verhältst, die dir selbst nicht guttut.

Sollte dies für wenige Situationen und kurze Zeiträume zutreffen, so ist es in diesen Fällen gut zu kompensieren und manchmal wahrscheinlich der einfachere Weg. Solltest du dich allerdings öfter und länger in derartigen Situationen befinden, so empfehle ich dir, dass du die eigenen Verhaltensweisen, die nicht der geforderten Norm entsprechen, den anderen Kommunikationspartnern transparent machst, um ein gegenseitiges Verstehen zu erleichtern. Nicht selten wirst du feststellen, dass es Mitstreiter in der Runde gibt, die ähnlich empfinden wie du, sich allerdings nicht getraut haben, es offen zu machen. Die Kommunikation über das eigene Stresstier® kann Situationen ungemein entspannen, weil alle Beteiligten in diesem Fall eine Möglichkeit haben, den anderen besser einzuschätzen. Zudem bietest du in diesem Fall eine klare Idee davon, wo deine Grenzen und Potenziale liegen, und musst dich nicht auf Spielfelder begeben, die deinem inneren Stresstier® wenig vertraut sind. Wenn beispielsweise auf der Arbeit alle Kollegen voneinander genauer wissen, wie die persönlichen Bedürfnisse und Strukturen des einzelnen Kollegen sind, so fällt es auch wesentlich leichter, die einzelne Person ihren Potenzialen entsprechend einzusetzen und gleichzeitig mehr Rücksicht zu nehmen, wenn es sich um ein Themenfeld handelt, welches nicht den Stärken des Kollegen entspricht.

An einem Beispiel aus der Praxis wird dies deutlich: Stell dir vor, du hast an einem Arbeitsplatz eine Gazelle, einen Löwen und einen Affen. In Stresssituationen wird dies regelmäßig dafür sorgen, dass das Verständnis füreinander schwindet. Die Gazelle wird das Gefühl haben, dass nicht genug über die Dinge geredet wird und die Kollegen oft »ihr eigenes Ding« machen. Der Löwe wird stellenweise verzweifeln, weil er schnell Dinge umsetzen möchte, von der Gazelle allerdings ausgebremst wird, da die versucht, ihre gewohnten Abläufe und Rituale zu schützen und außerdem ein Informationsdefizit verspürt. Der Affe wird auch nicht mitziehen, weil er das Gefühl hat, dass die Sache noch nicht so recht durchdacht ist. Zudem wird er immer wortkarger, je mehr das Stresslevel ansteigt und somit schwindet der kommunikative Zugang in Richtung Gazelle und Löwe. Der Affe fühlt sich möglicherweise bedrängt durch die Kommunikationsfreude der Gazelle und wird dieser immer öfter aus dem Weg gehen. Zudem empfindet er den Löwen als aktionistisch und verweigert ihm aus diesem Grund die Zusammenarbeit.

Wenn die Kollegen nun offen über diese Unterschiede reden, wird ihnen schnell klar, dass sie ihre Unterschiedlichkeiten gemeinsam nutzen können und sich in ihren Facetten prinzipiell perfekt ergänzen, wenn die Potenziale gezielt eingesetzt werden. Die Gazelle kann zum Beispiel gut eingesetzt werden, um die soziale Komponente abzudecken, d. h., den Kundenkontakt und die Kundenpflege aufrechtzuerhalten sowie das soziale Miteinander im Blick zu haben und die kommunikative Komponente ins Team einzubringen. Sie ist das Sprachrohr der Abteilung nach außen und zuständig für die Netzwerkpflege. Der Löwe kann sich gut einbringen in allen Bereichen, die schnell umgesetzt werden müssen, und ist zuständig für die Revierpflege. Wenn es um markantes Auftreten geht, wenn schnell Entscheidungen getroffen werden müssen oder es darum geht, eine Idee durchzuboxen, dann ist der Löwe in seinem Element. Der Affe hat seine optimale Besetzung im Arbeiten aus der zweiten Reihe. Er ist der planerische Kopf der Truppe, kommt zum Zuge, wenn es um perspektivische Ausrichtung geht und um das routinierte Abarbeiten von Aufgaben.

Wenn dies einmal erkannt wurde, dann wird die Zusammenarbeit untereinander wesentlich entspannter. Jedes der Tiere kann sich öfter in den eigenen Wohlfühlbereichen aufhalten und bekommt mehr Bestätigung für die Kompetenzen, die es besitzt. Als Team spielen unsere drei Akteure in diesem Fall optimal zusammen. Zusätzlich wird dies dazu führen, dass die Stimmung insgesamt entspannter wird und jeder Kollege auf eine größere Handlungsflexibilität zurückgreifen kann. Auch in Situationen, in denen zuvor eine Verständnislosigkeit für den anderen Kollegen vorgeherrscht hat, kann es nun zu einem Perspektivwechsel kommen.

Wenn du verstehst, wie du selbst tickst, und dir klar ist, was den Kollegen wichtig ist, so ist es leichter, einen Perspektivwechsel einzunehmen und auch einmal mit der Brille des anderen wahrzunehmen. Das wird nicht dazu führen, dass du zu 100 Prozent verstehst, was der andere da gerade tut, du wirst aber in jedem Fall das Verhalten besser nachvollziehen können und wahrnehmen, dass sich eure Bedürfnisse in dieser Situation voneinander unterscheiden. Es fällt dir dann zunehmend leichter, von der Bewertung in die wertfreie Beobachtung zu gehen und zu verstehen, dass deine Bedürfnisse nicht zwingend die Bedürfnisse sind, die auch andere Menschen haben.

Ich erinnere mich in diesem Zusammenhang gerne an eine Geschichte von einem alten Ehepaar, die ich einmal gehört habe. Dieses Ehepaar hat über viele Jahrzehnte gemeinsam gefrühstückt und jeden Morgen gab es das gleiche Ritual. Der Mann schnitt ein Brötchen in zwei Hälften und reichte seiner Frau die obere Hälfte des Brötchens. Dann aßen sie schweigend gemeinsam und starteten so in den Tag. Eines Tages, als sie das Frühstück gemeinsam begannen, sagte der Mann zu seiner Frau: »Meine Schöne, ich liebe dich über alles, hast du irgendeinen Wunsch, den ich dir erfüllen kann?« Daraufhin entgegnete seine Frau: »Mein Liebster, wäre es möglich, dass du mir heute ausnahmsweise einmal die untere Hälfte des Brötchens gibst, die esse ich nämlich viel lieber.« Daraufhin schaute der Mann seine Frau entgeistert an, brach in Tränen aus und sagte: »Warum hast du mir das nie gesagt? Ich reiche dir seit 30 Jahren die obere Hälfte des Brötchens, weil ich die am liebsten esse und dir schon am frühen Morgen eine Freude bereiten wollte, indem ich darauf verzichte und stattdessen die untere Hälfte esse.« Beide fielen sich in die Arme, küssten sich innig und teilten sich ab diesem Tag das Brötchen genau andersherum auf.

Ähnlich kann es dir auch mit den Eigenschaften des Stresstieres ergehen. Möglicherweise verhältst du dich zurzeit in Situationen, in denen du Menschen etwas Gutes tun möchtest, auf eine Art und Weise, von der du glaubst, dass sie den anderen gefällt. Vielleicht ist es hier an der Zeit, einfach mal offen darüber zu reden und abzugleichen, ob dein Verhalten auch wirklich so wahrgenommen wird oder ob du möglicherweise deine Wünsche und Vorlieben auf deine Mitmenschen projiziert hast. Umgekehrt kann es Bereiche geben, die du möglicherweise bisher in der ein oder anderen Situation bewusst unterdrückt hast und bei denen du im Austausch feststellst, dass es für alle Beteiligten besser wäre, wenn du sie stärker ausspielst. Der Austausch über die eigenen Eigenarten, Besonderheiten und Potenziale kann an dieser Stelle sehr gewinnbringend sein.

Ich habe es in einem Unternehmen einmal erlebt, dass Mitarbeiter zum ersten Mal bewusst über die räumliche Aufteilung ihrer Büros geredet haben. In diesem konkreten Fall war es so, dass eine Gazelle in einem Einzelbüro saß und ein Affe in einem Großraumbüro. Wie du bereits in den Kapiteln über die Gazelle und den Affen gelesen hast, eine eher suboptimale Aufteilung. Da sich die Kollegen jedoch mochten, haben sie die Situation in Kauf genommen, um dem jeweils anderen etwas vermeintlich Gutes zu tun. Der Affe versuchte sich die Situation einigermaßen erträglich zu gestalten, indem er rund um seinen Schreibtisch Pflanzen gestellt und den Monitor an seinem Arbeitsplatz so platziert hatte, dass er ihm einen gewissen Rückzugsort verschaffte. Zudem trug er den ganzen Tag über Kopfhörer, um zumindest nicht das Gefühl zu haben, mittendrin zu sein, und den Kollegen nach außen zu signalisieren, dass er nicht ansprechbar ist. Die Gazelle hingegen suchte jede Gelegenheit, mit anderen Kollegen zu telefonieren und möglichst oft Projekte mit Kollegen anzustoßen, die im Großraumbüro saßen. Um die Isolation in ihrem Einzelbüro etwas aufzulockern, dekorierte sie das Büro mit Bildern von Familie und Freunden und hatte sogar das Rauchen begonnen, um einen Grund zu haben, ab und an mit anderen Kollegen ein kleines Pläuschchen in der Raucherecke zu halten.

Als das Thema nun zum ersten Mal offen zur Sprache kam, stellte sich heraus, dass die beiden, dem anderen zuliebe, genau den Platz im Büro eingenommen hatten, der ihnen selbst am wenigsten gefiel und den der Kollege jederzeit dankend angenommen hätte. Das Gespräch darüber war eine Erleichterung für beide. Sie tauschten die Büros und die Gazelle blühte auf, da sie endlich mehr mit den Kollegen kommunizieren konnte, der Affe konnte viel entspannter arbeiten, weil er seinen Rückzugsort gefunden hatte. Manchmal kann die Lösung sehr einfach sein, wenn offen über die eigenen Bedürfnisse geredet wird und wir nicht aus unseren eigenen Vorlieben heraus Vermutungen anstellen, was den anderen gefallen könnte.

7.1 Das Stresstier® und die gesellschaftliche Norm

In jeder Gesellschaft und in jeder Gruppe (Familie, Kollegenkreis, Freundeskreis) gelten mehr oder weniger offen vereinbarte Normen und Verhaltenskodexe. Viele dieser erwünschten Verhaltensweisen werden informell vereinbart oder legen sich rein zufällig fest. Je nachdem, wie die Ausprägung deines persönlichen Stresstieres ist, kann es dir passieren, dass einzelne Verhaltensweisen, die dein Stresstier® beinhaltet, an diesen Stellen gut oder nicht so gut ausgelebt werden können. Was bedeutet das nun für die Praxis?

Schau dir einmal ein klassisches Meeting in einem Unternehmen an. Die Stresstiere sitzen gemeinsam am Tisch und starten ihr Meeting. Am Anfang verläuft noch alles recht moderat, doch im Laufe des Meetings heizt sich die Stimmung auf. Irgendwann ist der Punkt erreicht, an dem sich einzelne Akteure komplett zurückgezogen haben, einige wenige lautstark ihre Meinung äußern und dritte nur noch am Rande miteinander kommunizieren. Am Ende des Meetings gehen alle ohne Ergebnis und frustriert aus dem Raum und fragen sich, wie es so weit kommen konnte.

Unter dem Aspekt des Stresstieres besteht an dieser Stelle Handlungsbedarf, um das Zusammentreffen wieder in konstruktive Bahnen zu lenken, in denen alle Beteiligten etwas zur Ergebniserreichung beitragen können. Die informelle Norm, die sich an dieser Stelle wahrscheinlich durchgesetzt hat, ist: Der Lauteste hat das Wort. Wenn du nun einmal auf die unterschiedlichen Stresstiere blickst, dann wird dir schnell klar, dass sich in einer solchen Gruppe die Löwen-Typen als Rädelsführer herausstellen werden. Die Affen-Typen werden sich zurückziehen und die Gazellen machen untereinander »ihr eigenes Ding«. Es ist wichtig und unerlässlich, dass für einen konstruktiven Prozess in einer solchen Situation Spielregeln vereinbart werden, die jedem Stresstypen gleichberechtigt gewährleisten, sich in die Diskussion einzubringen.

Ein einfaches Mittel kann zum Beispiel sein, dass Ideen auf Metaplan-Karten festgehalten und zentral visualisiert werden. Dies gewährleistet, dass nicht nur die Löwen-

Typen mit ihren Ideen etwas beitragen können, sondern auch die Gazellen und Affen ihre Vorschläge wiederfinden. Zudem sollte ein Moderator benannt werden, der auf der einen Seite die Zeit der einzelnen Wortbeiträge im Blick behält und immer wieder auf das Thema zurücklenkt, wenn sich Nebenbaustellen ergeben sollten. Dies gilt eben immer dann, wenn Themen auftauchen, die sich aus den unbewussten Bedürfnissen der einzelnen Stresstiere ergeben, dadurch in den Mittelpunkt rücken und das eigentliche Thema in den Hintergrund drängen. Bereiche, in denen ein Unwohlsein aufgrund der Ausprägungen der einzelnen Stresstiere aufkommt, sollten separat geklärt und aufgefangen werden. Damit ist für alle Beteiligten gewährleistet, dass thematisch produktiv gearbeitet werden kann und zudem jeder Einzelne weiß, dass seine speziellen Wünsche und Bedürfnisse nicht unter den Teppich gekehrt werden, sondern auf jeden Fall noch zur Sprache kommen und berücksichtigt werden.

Mit einigen einfachen Grundregeln kann so jedes Meeting und jede Konferenz zu einem Wohlfühlort für alle werden. Ein weiterer positiver Effekt ist, dass die Zeitfenster, die für Meetings reserviert sind, drastisch sinken werden, da viel effektiver am Thema gearbeitet wird. Wenn du einen Einfluss auf die Meetingkultur in deinem Unternehmen hast, dann schau dir also genau an, welche Stresstiere in deinem Kollegenkreis vorzufinden sind, und berücksichtige dies bei den Spielregeln für eure Meetings.[18] Die Ideen, die für Meetingnormen gelten, lassen sich selbstverständlich auch auf alle anderen Bereiche, in denen gesellschaftliche Normen gelten, anwenden und es lohnt sich auch hier von Zeit zu Zeit ein Blick, ob sich alle Stresstiere im jeweiligen Kontext optimal entfalten können.

7.2   Gleich und gleich gesellt sich gerne

Ein Sprichwort besagt: »Gleich und gleich gesellt sich gerne.« Wie ist das eigentlich im Zusammenhang mit dem Stresstier®? Gilt dieses Sprichwort da auch und wenn ja, warum? Generell lässt sich sagen, dass wir uns in erster Linie am wohlsten fühlen, wenn uns Dinge vertraut sind. Im Zusammenhang mit deinem Stresstier® gilt dies auch für die Verhaltensweisen, die du von dir selbst kennst, egal ob bewusst oder unbewusst. Dein Verhalten ist der Maßstab, an dem du die Welt misst. Die eigenen Verhaltensweisen stellen dabei »das Normale« dar, weil du es einfach gut kennst und einordnen kannst.

Alles, was von diesen Verhaltensweisen abweicht, ist erst einmal neu und fühlt sich nicht normal an. Daher reagiert dein Unterbewusstsein hier tendenziell mit Skepsis und einem gesunden Abstand. Aus diesem Grund umgeben wir uns, wenn wir es frei

---

18   Sehr empfehlen kann ich dir dazu das Buch meines Kollegen Christian Obad: Obad, Christian, 33 Tipps für effektive Meetings, erfolgreiche Besprechungen und zielführende Sitzungen. Independently Published, 2019.

wählen können, in der Tendenz mit Menschen, die uns ähnlich sind, denn dann können wir mit unserem Verhaltensvokabular am instinktivsten kommunizieren. Wir verstehen uns sprichwörtlich blind mit der anderen Person, weil deren Verhalten von den Abläufen her am ehesten unseren eigenen Strukturen entspricht.

Nehmen wir als Beispiel den Gazellen-Typen. Er umgibt sich gerne mit anderen Menschen, tauscht sich aus und ist am liebsten in der Herde unterwegs. Wie schön ist es da, wenn sich andere Gazellen drumherum scharen, die auch kommunikativ sind, das Wir-Gefühl mögen und am liebsten in der Herde unterwegs sind. Das fühlt sich gut und vertraut an und bietet aufgrund gleicher Interessen viele Anknüpfungspunkte für Gespräche. Oder der Löwen-Typ, der sich gerne mit anderen misst und die Herausforderung im Wettkampf sieht. Wie angenehm ist es da, wenn andere Löwen in der Nähe sind, die dieselben Spiele spielen möchten. Man kann untereinander kleine Kämpfchen austragen und spornt sich gegenseitig zu Höchstleistungen an. Man stößt auf verständnisvolle Anerkennung, wenn man von Erfolgen berichtet, und es ist nicht anrüchig, ein wenig zu prahlen. Dem Affen-Typen wiederum gefällt es, wenn die Personen in seinem Umfeld nicht zu nahe sind und er sich nicht bemühen muss, um aktiv zu kommunizieren. Wenn es zu einer Unterhaltung kommt, dann wird sie meist tiefgründig und die Gedanken, die sich gegenseitig zugespielt werden, lassen Neues entstehen. Und wenn einmal alle schweigen, dann muss dies nicht als unangenehm empfunden werden, weil man ja weiß, dass der andere es genauso genießt, einfach mal zu schweigen und ungestört zu denken.

Generell lässt sich also sagen, dass es in einem ersten Schritt Vorteile haben kann, wenn dieselben Tiertypen zueinander finden, da es hier am wenigsten Abstimmungsarbeit bedarf. Doch die Medaille hat auch eine Kehrseite, nämlich immer dann, wenn es darum geht, dass sich dieselben Tiertypen ins Gehege kommen. Beim Gazellen-Typen kann es zum Beispiel passieren, dass der Redeanteil durch die anderen Gazellen eingeschränkt wird und der Austausch nicht mehr in dem Maße möglich ist, wie es die Gazelle gerne hätte. Dann wird das Verhalten der anderen Gazelle als Einschränkung empfunden, denn es wäre doch viel schöner, wenn es jemanden gäbe, der lieber zuhört als zu erzählen. Bei den Löwen kann es zu Rangeleien in der Rangfolge kommen. Wenn viele Löwen-Typen auf einem Haufen sind, dann sticht der einzelne nicht mehr so deutlich hervor, das Revier wird enger und muss mit den Artgenossen geteilt werden. Viel schöner wäre es hier, wenn andere Menschen in der Nähe wären, die die Alpha-Stellung des Löwen respektieren und ihm den roten Teppich ausrollen. Es kann mitunter anstrengend werden, wenn der Löwe sich ständig gegenüber den anderen Löwen behaupten muss, da er ja schließlich auch seine Ruhephasen braucht. Bei den Affen kann die generelle Wortkargheit dazu führen, dass sie sich irgendwann gar nichts mehr zu sagen haben. Ab und an wäre es doch auch ganz angenehm, wenn eine Gazelle in der Nähe wäre, die die Konversation in Gang hält.

Du siehst also, dass lediglich auf den ersten Blick das Zusammensein gleich gearteter Tiere aufgrund der Ähnlichkeit sehr vorteilhaft sein kann, weil das Verhalten sehr vertraut erscheint. Auf den zweiten Blick allerdings schafft zu viel Gleichheit möglicherweise auch Herausforderungen, da dem eigenen Stresstier® irgendwann der Gegenpol fehlt. An dieser Stelle macht es die gesunde Mischung. Natürlich ist es einfacher und bedarf weniger »Vokabeltraining«, wenn du dich mit Menschen umgibst, die dir sehr ähnlich sind. Allerdings kann es auch sehr reizvoll sein, andere Facetten kennenzulernen, die das eigene Spektrum um die blinden Flecke ergänzen.

7.3   Gegensätze ziehen sich an

Ein weiteres Sprichwort wiederum besagt: »Gegensätze ziehen sich an.« Was bedeutet das für das Stresstier® und wie lässt sich dieses Sprichwort in die Praxis übertragen?

In erster Linie reagieren wir auf Fremdes und Unvertrautes erst einmal mit der bereits oben erwähnten gesunden Skepsis. Jedes Verhalten, das von unserem eigenen abweicht, erfordert ein gewisses Maß an Flexibilität und Anpassungsfähigkeit. Allerdings erzeugt es auf der anderen Seite möglicherweise auch eine gewisse Neugier und Faszination, wenn sich das Verhalten vom eigenen unterscheidet. Daher kann es durchaus vorkommen, dass wir uns zu den anderen Stresstieren hingezogen fühlen, da sie unser eigenes Repertoire erweitern und wir zum Teil an ihnen Eigenschaften bewundern, die wir selbst nicht haben.

Die Gazelle und den Affen zum Beispiel kann das selbstbewusste und dominante Auftreten des Löwen faszinieren, da es den genauen Gegenpol des eigenen Verhaltens darstellt. Löwe und Affe wiederum sind beeindruckt vom Teamplay und der Konversationsfreude der Gazelle, da dies die fehlenden Eigenschaften dieser beiden Typen sind. Der Affe strahlt gegenüber der Gazelle und dem Löwen die Ausgeglichenheit und die Fähigkeit, ganz für sich zu sein, aus.

Um neue Perspektiven zu bieten und voneinander zu lernen, sozusagen die Sprache des anderen zu gewissen Teilen zu übernehmen und sich in den Bereichen zurücklehnen zu können, die du selber nicht so gut beherrscht, kann das Zusammensein mit den anderen Stresstieren viele Vorteile bieten. Zudem kommen die eigenen Eigenschaften im Kontrast zum Verhalten der anderen auf diese Art und Weise mitunter noch stärker positiv zum Vorschein.

Doch auch diese Kombination hat eine Kehrseite der Medaille. Die Anpassung an das ungewohnte Verhalten erfordert einen stetigen Abgleich und manchmal auch das Zurückfahren der eigenen Eigenschaften. Denn Gazelle und Affe mögen den Wettbewerb nun einmal nicht so stark wie der Löwe. An diesen Stellen kann es dem Löwen dann langweilig werden oder er schießt aus Sicht der anderen Stresstiere weit über das gewohnte Verhalten hinaus, was zu Konflikten und Spannungen führen kann. Der dadurch bedingte Stress wird jedes Stresstier® noch mehr in die eigenen Verhaltensweisen zurückfallen und sich nach etwas Vertrautem sehnen lassen, was wiederum das Verständnis füreinander an dieser Stelle dann schlagartig sinken lässt.

Der nächste Schritt ist förmlich vorprogrammiert: die gegenseitigen Vorwürfe aus dem eigenen Unverständnis heraus. Wir sind an diesen Stellen dann weniger bereit, uns auf das Verhalten unseres Gegenübers einzulassen und versuchen oft, den anderen dazu zu bringen, sich anders zu verhalten. Dies wiederum feuert die Situation an, die Stressspirale wächst und jeder versucht nun seine eigenen Verhaltensweisen zu verteidigen. An dieser Stelle ist das Wissen um die Strukturen des eigenen Stresstieres sowie die der anderen Stresstiere Gold wert.

In dem Moment, in dem du registrierst, dass die spezifischen Eigenschaften der Stresstiere massiv die Kommunikation negativ beeinflussen, kannst du das Geschehen von einem unbewussten Tun zu einem reflektierten Prozess zurücklenken und dir klarmachen, was da eigentlich gerade passiert. Dies ermöglicht dir eine gewisse Distanz zur und eine Vogelperspektive auf die Situation. Dadurch gewinnst du neuen Handlungsspielraum und kannst dazu beitragen, dass die Kommunikation in eine konstruktive Bahn zurückgeführt wird.

Insgesamt gesehen lässt sich also festhalten, dass ein gesundes Zusammenspiel zwischen vertrauten Strukturen und neuen Impulsen durch anders geartete Stresstiere eine gesunde Mischung ausmacht.

Am wichtigsten ist es zu erkennen und wahrzunehmen, dass es Unterschiede gibt, und einordnen zu können, was das jeweilige Stresstier® in angespannten Situationen braucht. Dann kannst du bewusst Werkzeuge der Kommunikation einsetzen, die dem Gegenüber Brücken bauen und die Situation dadurch entschärfen. Dies wird dazu führen, dass sich die gesamte Lage entspannt und jedes einzelne Stresstier® wieder mehr in der Lage ist, flexibler auf den Kommunikationspartner einzugehen.

7.4   Das Stresstier® in der Öffentlichkeit

Bei Menschen, die in der Öffentlichkeit stehen, wird in vielen Fällen das Stresstier® besonders sichtbar. Wir nehmen die Eigenschaften des Stresstieres als Charakter des Menschen wahr und Handlungen lassen sich oftmals den unterbewussten Strukturen des jeweiligen Stresstieres zuordnen. Diese Wahrnehmung wiederum führt dazu, dass wir in Abgleich mit unserem eigenen Stresstier® eine Person bewerten und gleichzeitig ihre Entscheidungen eher teilen oder anzweifeln.

Auch hier gilt: Je mehr dein eigenes Stresstier mit dem Stresstier der beobachteten Person in Einklang ist, desto sympathischer wirst du wahrscheinlich die handelnde Person empfinden und desto eher wirst du bereit sein, die Meinung dieses Akteurs zu teilen. Je weiter weg jemand von unserem eigenen Stresstier® ist, desto schwerer fällt es uns, diesen Menschen zu verstehen oder seine Entscheidungen nachvollziehen zu können.

Zur Veranschaulichung seien hier drei Politiker angeführt, die recht deutlich ausgeprägte Stresstiere haben.

1. Als erstes Beispiel führe dir den derzeitigen Bundesminister des Inneren, Horst Seehofer, vor Augen. Bei genauerer Betrachtung kannst du hier an vielen Stellen ein typisches Gazellen-Verhalten ausmachen. Seehofer appelliert häufig an das Gemeinschaftsgefühl, stellt seine Region, das Vertraute in den Vordergrund und redet in einer stark wir-bezogenen Sprache.

    Aspekte, die die Herde gefährden können, bzw. das Unvertraute rufen erst einmal eine gewisse Ablehnung hervor. Schöner ist es doch, das Alte und Tradierte zu bewahren, statt sich allem Neuen sofort zu öffnen.

    Ein stellvertretendes Zitat findet sich in einer Rede zum politischen Aschermittwoch: »(…) Keine Wackelei bei Koalitionen, sondern ein klarer Kurs der Gemeinsamkeit. Was aber nicht bedeutet, liebe Freunde, dass jetzt alle gleich denken, reden und marschieren müssen … Und deshalb, liebe Freunde, muss mein Freund Guido Westerwelle nicht zur CSU wie vor kurzem im Spiegel sagen, an uns gewandt: ›Ich kann auch anders.‹ Oha. Das war eine beachtliche Warnung, das hat uns wirklich umgehauen. Da beben die Alpen, da wackelt der Frankenwald, da schäumt der Chiemsee. Und, liebe Freunde, spürt ihr nicht das Flattern eurer Knie? Aber keine Angst, das ist kein Tsunami, das ist nur eine Westerwelle.«[19] Wenn du dir dieses Zitat einmal genauer anschaust, dann siehst du auf der sprachlichen Ebene die stark verbindende Wir-Adressierung der Gazellen-Sprache. Die Zuhörer werden mit »liebe Freunde« angesprochen und die Gemeinsamkeit wird in den Vordergrund gestellt. Alles sehr klare Indizien für das Innenleben der Gazelle.

    Seehofer zeichnet sich aus durch seinen stark heimatbezogenen Politikstil und stellt in seinen Reden Einzelpersonen oder Staaten oft in Bezug zur Gemeinschaft, sprich zur Herde. Recht, Ordnung und geregelte Bahnen sind stellvertretende Synonyme für seine Anliegen. Diese Denkweise spiegelt sich zum Beispiel auch in seiner Aussage: »Der Islam gehört nicht zu Deutschland. Deutschland ist durch das Christentum geprägt. Dazu gehören der freie Sonntag, kirchliche Feiertage und Rituale wie Ostern, Pfingsten und Weihnachten«, wieder. Auch hier kannst du eine deutliche Struktur in Bezug auf Rituale, Altbewährtes und Vertrautes erkennen.

---

19 Spiegel-Online, Rückspiegel, Zitate, https://www.spiegel.de/spiegel/print/d-69174753.html, zuletzt abgerufen am 20.11.2019.

Die Betrachtung unter dem Aspekt des Stresstieres erleichtert es, die Aussagen Horst Seehofers besser einordnen zu können und gibt Einblicke in die ihm wichtigen Aspekte und Bedürfnisse aus Sicht der Gazelle.

2. Schau dir als Zweites Donald Trump, den derzeitigen amerikanischen Präsidenten an. Wenn du seine Verhaltensweisen, seine Meinungen und Sprachmuster analysierst, wirst du schnell feststellen, dass er am ehesten der Spezies des Löwen-Typen zuzuordnen ist. Ein Verhalten, welches bei Donald Trump extrem polarisierend und sehr offen hervortritt, ist sein ausgeprägtes Reviermarkierungsverhalten. Typisch für den Löwen. Das fängt an bei seiner Parole »America first« und zieht sich weiter bis zu seinem Wunsch, eine Mauer an der Grenze zu Mexiko zu bauen. Der Löwe will sein Revier klar verteidigt wissen. In einem Zitat zum Mauerbau heißt es: »Wir müssen mit dem Bau einer Mauer anfangen. Einer großen, schönen, mächtigen Mauer. Keiner baut Mauern besser als ich, glauben Sie mir – und ich baue sie sehr kostengünstig. Ich werde eine große, große Mauer an unserer südlichen Grenze bauen, und ich werde Mexiko für diese Mauer bezahlen lassen.«[20] Neben der Idee, das Revier klar abzugrenzen und andere dafür bezahlen zu lassen, kannst du auch auf sprachlicher Ebene sehr klar den Löwen-Typen identifizieren. Trump spricht davon, dass er die Mauer baut, weil er die besten Mauern bauen kann. Ich bezweifle ein bisschen, dass er, falls es zur Umsetzung dieses Plans kommt, wirklich selbst mit Hand anlegen wird, allerdings ist diese Sprache, wie du es bereits in Kapitel 4.2.2 über die Sprache des Löwen gelesen hast, sehr löwentypisch. Sie ist geprägt durch eine starke Ich-Bezogenheit, und die Meinung, dass kein anderer es besser kann, findet sich in der Aussage deutlich wieder.

Bei einigen Auftritten des amerikanischen Präsidenten kannst du feststellen, dass er an vielen Stellen Machtspiele und Revierkämpfe auslebt, ungeachtet jeglicher politscher Protokolle. Sei es aggressives Drohverhalten, schnell verbreitet über den Nachrichtendienst Twitter, oder der verweigerte Händedruck beim Staatsempfang von Angela Merkel. All dies sind unterbewusste Strukturen, die dem Löwen-Typen zu eigen sind und an dieser Stelle ihren Ausdruck finden.

Was Beobachtern bei Herrn Trump immer wieder auffällt, ist sein sehr direkter und derber Sprachstil. Auch dies ist ein weiteres Indiz für den Löwen-Typen. Für besonders viel Aufsehen hat es gesorgt, als sich Donald Trump über die Schauspielerin und Moderatorin Rosie O'Donell geäußert hat. Im Zitat klang dies folgendermaßen: »Rosie ist furchtbar – von innen und von außen. Wenn man sie anschaut, ist sie eine Gammlerin (...) Ich würde ihr direkt in ihr fettes, hässliches Gesicht schauen und sagen, ›Rosie, du bist gefeuert‹.«[21] An diesem Zitat kannst du gut die brachial wirkende Sprache des Löwen-Typen erkennen. Mit dem Hintergrundwis-

---

20 RP-Online, Die Aufreger-Sprüche des Donald Trump, https://rp-online.de/politik/ausland/us-wahlen/die-aufreger-sprueche-des-donald-trump_iid-9628251#8, zuletzt abgerufen am 20.11.2019.

21 RP-Online, Die Aufreger-Sprüche des Donald Trump, https://rp-online.de/politik/ausland/us-wahlen/die-aufreger-sprueche-des-donald-trump_iid-9628251#10, zuletzt abgerufen am 20.11.2019.

sen über die Stresstiere bleibt die moralische Komponente unberührt, allerdings lassen sich so möglicherweise die Verhaltensweisen dieses Politikers besser nachvollziehen und einordnen.

3. Schau dir als drittes Beispiel unsere derzeitige Bundeskanzlerin Angela Merkel an. Wenn du ihr Verhalten genauer unter die Lupe nimmst, dann wird es kaum ausbleiben, dass du sie dem Affen-Typen zuordnest. Was bei Angela Merkel wohl am augenscheinlichsten ist, ist ihre kaum ausgeprägte Mimik und die nur spärlich vorhandene Gestik. Bekannt geworden ist ihr Redestil schon sehr früh durch die sogenannte Merkel-Raute, die bereits als eigenständiger Begriff in die Rhetorik eingegangen ist. Die Merkel-Raute bezeichnet, falls es dir nicht auf Anhieb etwas sagen sollte, die Haltung der Hände vor dem Bauch, wobei sich alle Finger an den Fingerspitzen berühren und somit die Hände die Form einer Raute bilden. Diese Handhaltung ist mittlerweile weltweit berühmt und ein Synonym für unsere Bundeskanzlerin. Selbst die Wachsfigur im Wachsfigurenkabinett von Madame Tussauds ist vor einigen Jahren um diese Merkel-Raute ergänzt worden. Bei fast allen Redeanlässen belässt die Bundeskanzlerin die Hände in dieser Stellung. Ein ausgeprägtes Zeichen für den Affen-Typen, der mehr mit seiner Innenwelt beschäftigt ist und sich nicht auch noch zusätzlich um scheinbar nebensächliche Dinge wie Körpersprache und Mimik kümmern kann. Neben ihrem körpersprachlichen Auftritt gilt Frau Merkel tendenziell als eher reserviert und distanziert. Die Eigenschaft, Dinge auszusitzen, die ihr oft vorgeworfen wird, spricht für eine planerische, überlegte Vorgehensweise bei den Themen. Selten lässt sie sich zu einer schnellen Meinungsäußerung hinreißen, eher gilt sie als gute Zuhörerin und ihr fällt es tendenziell schwer, auf einer Small-Talk-Ebene oder mit schnellen Äußerungen zu punkten. Ihr Vorgehensstil entspricht im Übrigen auch ihrer vorhergegangenen Profession als Wissenschaftlerin.

An dieser Stelle seien noch einige Zitate Merkels angeführt, um die sprachliche Ebene näher zu beleuchten. Dir wird auffallen, dass sich die Sprache sehr stark in einer analytischen und sachlogischen Weise darstellt. Exemplarisch ist dies zu sehen beim vielzitierten: »Scheitert der Euro, scheitert Europa.«[22] Dieses kurze Statement enthält keinerlei persönliche Komponenten und fasst in kurzer Sachlogik ein komplexes Thema zusammen. Sehr viel Selbstoffenbarung über den eigenen Persönlichkeitstypen steckt auch im Zitat: »Alles, was noch nicht gewesen ist, ist Zukunft, wenn es nicht gerade jetzt ist.«[23] Gerade in diesem Zitat kommt der wenig menschenbezogene Denkansatz, also die distanzierte Ausdrucksweise des Affen, die Logik und die Zukunftsorientierung zum Ausdruck.

Die oft bemängelte unterkühlte Art unserer Kanzlerin lässt sich in Hinblick auf die Erkenntnisse bezüglich ihres Stresstieres möglicherweise besser nachvollziehen

---

22 RP-Online, Die besten Zitate von Angela Merkel, https://rp-online.de/politik/deutschland/bundestagswahl/
    angela-merkel-ihre-besten-zitate-und-sprueche_iid-14405317#1, zuletzt abgerufen am 20.11.2019.
23 RP-Online, Die besten Zitate von Angela Merkel, https://rp-online.de/politik/deutschland/bundestagswahl/
    angela-merkel-ihre-besten-zitate-und-sprueche_iid-14405317#13, zuletzt abgerufen am 20.11.2019.

und in Anbetracht der Eigenschaften des Affen-Typen ist es nicht verwunderlich, dass du wohl auch in Zukunft nicht damit rechnen musst, dass Frau Merkel plötzlich bei einer Rede anfängt, zu tanzen oder sich zu übermäßigen Gefühlsausbrüchen hinreißen lässt.

Jetzt stell dir einmal vor, dass diese drei Politiker zusammen an einem Tisch sitzen und über ein bestimmtes Thema diskutieren. Spätestens an dieser Stelle wird dir klar, welch großen Einfluss die Steuerung durch das innere Stresstier® hat. Schnell treten die inhaltlich sachlichen Themen in den Hintergrund und jede dieser Personen wird mehr und mehr beginnen, nach ihren inneren unbewussten Strukturen zu agieren.

Das Problem an dieser Stelle ist, dass mit zunehmendem Rückzug in das eigene Stresstier® das Verständnis für den Gesprächspartner sinken wird. Was du hier am Beispiel der prominenten Vertreter beobachten kannst, gilt selbstverständlich auch für jede Diskussion unter weniger prominenten Menschen. Für jede Diskussion und Unterhaltung, an der du beteiligt bist, sobald es etwas ans Eingemachte geht. Schnell melden sich die inneren Strukturen und du beginnst dein Gegenüber immer weniger zu verstehen, wobei sich der Diskurs mehr und mehr an diesen Unterschiedlichkeiten aufhängen wird.

Mach dir diese Erkenntnisse in den nächsten Situationen bewusst, in denen du das Gefühl hast, dass du die anderen Personen absolut nicht nachvollziehen und deren Meinung du nur schwer teilen kannst. Vielleicht fällt dir an dieser Stelle das ein oder andere Verhalten auf, was du recht eindeutig einem der Stresstiere zuordnen kannst. Nimm dies dann als Brücke, um den anderen eine Handreichung zu ihren Bedürfnissen zu bieten und somit eine Chance für das gegenseitige Verständnis zu eröffnen.

8 Das Stresstier® und die Antreiber im Leben

Die Transaktionsanalyse[24] geht davon aus, dass jeder Mensch in seinem Leben nach bestimmten Antreibern handelt, die ihn in Bewegung bringen und veranlassen, bestimmte Dinge aus einem inneren Antrieb heraus zu tun. Innere Antreiber können auch als die Eigenheiten eines Menschen in seinem Handeln bezeichnet werden. Der US-amerikanische Psychologe, Autor und Kommunikationsberater Taibi Kahler hat sich intensiv mit dieser Thematik auseinandergesetzt und beobachtet, dass Menschen bestimmte Charaktereigenschaften zugeordnet werden können, die auf diese Antreiber zurückzuführen sind.[25] Vereinfacht gesprochen basieren diese Verhaltensarten auf bestimmten Antreibern, die wir im Laufe unseres Lebens ausgeprägt haben und die uns unterbewusst steuern, uns selbst auf eine bestimmte Art und Weise zu motivieren und zu verhalten. Wahrscheinlich stammen die Ausprägungen dieser Antreiber zu großen Teilen aus Glaubenssätzen, die wir im Rahmen unserer Erziehung vermittelt bekommen und verinnerlicht haben. Da Glaubenssätze, die wir in der frühkindlichen Entwicklung mitgenommen haben, einen Gebotscharakter darstellen, also eine große Wichtigkeit und Verbindlichkeit für uns besitzen, werden diese tief im Unterbewusstsein verankert und wir tragen diese oft ein Leben lang in uns.

8.1 Die Antreiber der jeweiligen Stresstiere

Einige dieser Antreiber, die bestimmte Gedanken in uns auslösen und unsere Handlungen lenken, korrespondieren in diesem Fall mit den unterschiedlichen Ausprägungen unseres Stresstieres.

Antreiber der Gazelle
Bei unserem Gazellen-Typen findet sich am ehesten der Antreiber »Mach es allen recht« wieder. Dieser Antreiber beinhaltet den Wunsch, es allen Menschen recht zu machen. Akzeptanz durch andere Menschen spielt hier eine große Rolle. Daraus resul-

---

24 Die Transaktionsanalyse wurde Mitte des 20. Jahrhunderts vom US-amerikanischen Psychiater Eric Berne begründet und seitdem permanent weiterentwickelt. Sie stellt eine psychologische Theorie der menschlichen Persönlichkeitsstruktur dar. Im Mittelpunkt steht dabei die Kommunikation als Mittel der Realitätswahrnehmung, Interpretation und Lebensgestaltung. Durch die Kommunikation lassen sich Erkenntnisse ableiten, die darüber Aufschluss geben, was sich psychologisch zwischen den Kommunikationspartnern ereignet. Zum Beispiel gibt eine genaue Beobachtung der Kommunikation Aufschluss über die eigene Persönlichkeit, die Persönlichkeit der anderen Kommunikationspartner und die zwischenmenschliche Beziehung. Das Zusammenspiel von Aktion und Reaktion wird dabei als die Transaktion bezeichnet. Unterschiedliche Ansätze bieten dabei spezifische Beobachtungsschwerpunkte, wie z. B. eigene Ich-Zustände, innere Antreiber, bevorzugte Verhaltensmuster usw.

25 Siehe dazu Kahler, Taibi/Musselmann, Rainer/Feuersenger, Elisabeth, Prozesskommunikation: Der Schlüssel für konstruktive Kommunikation, Chancen nutzen, Risiken erkennen, Barrieren überwinden. Kahler Communication 2003.

tiert eine gewisse Angst vor Ablehnung durch andere Menschen. Die Grundannahme, die sich daraus ergibt, ist, dass es wichtiger ist, akzeptiert und geliebt zu werden, als die eigenen Bedürfnisse durchzusetzen. Du findest hier eindeutig die Verhaltensausprägungen unserer Gazelle wieder. Sie bewegt sich gerne in der Herde, sorgt sich um das Allgemeinwohl und fühlt sich am wohlsten, wenn sie mit den anderen kuscheln kann. Positives Feedback und die Anerkennung durch andere Menschen stellen hier den wesentlichen Antreiber dar und es wird viel Energie dafür eingesetzt, um diesen Zustand zu erreichen.

Das Vermeiden von negativem Feedback und Ablehnung durch andere stellt hierbei die Von-weg-Motivation dar. Ein Problem bei diesem inneren Antreiber ist es, dass die eigenen Wünsche oft hintangestellt werden und die Gazelle somit ihre eigenen Wünsche und Bedürfnisse häufig unterdrückt. Für die Gazelle ist die wichtigste Lektion, mit Blick auf ihren Antreiber, sich selbst zuzugestehen, dass die eigenen Wünsche und Bedürfnisse eine ebenso große Berechtigung haben wie das Wohlergehen anderer Menschen. Sich selbst klarzumachen, dass es legitim ist, anderen ebenfalls das zuzumuten, was die Gazelle sich selber zumutet, ist eine wesentliche Erkenntnis.

Gedreht werden kann dieser Antreiber, indem Menschen, die diesen stark ausgeprägt haben, sich vor Augen führen, dass ihr Verhalten indirekt zu einer Abwertung der Kompetenzen des Gegenübers führt, da der Antreiber unterstellt, dass andere Menschen nicht in der Lage sind, sich um ihr Wohlergehen und das der anderen Menschen in ausreichendem Maße zu kümmern. Möglicherweise kann dieser Ansatz dazu führen, in einigen Situationen loszulassen und mehr Vertrauen in andere Menschen aufzubauen.

In Hinblick auf die Bewertung des Verhaltens anderer Menschen fallen der Gazelle am ehesten die Kandidaten ins Auge, die sich eher um sich selber kümmern, als sich um das Wohl der Gruppe zu sorgen. Wie du weiter oben schon erfahren hast, bewerten wir eben die eigenen Verhaltensweisen als tendenziell gut und davon abweichendes Verhalten als tendenziell schlecht. Wichtig für den Gazellen-Typen ist es, sich klarzumachen, dass er von den Menschen, die auch mal an sich denken, das Meiste lernen kann, da dies die Komponente ist, die der Gazelle am ehesten fehlt. Oftmals wird jedoch gerade dieses Verhalten als negativ bewertet und dem anderen Egoismus und Ellbogenmentalität unterstellt.

Antreiber des Löwen
Bei unserem Löwen-Typen finden sich wohl am ehesten die Antreiber »Beeil dich« und »Streng dich an« wieder. In der Erziehung können Ansätze wie »Mach doch mal schneller« oder »Vor den Erfolg haben die Götter den Schweiß gesetzt« in diesem Fall auf fruchtbaren Boden gefallen sein und die vorhandenen Ausprägungen des Stresstieres weiter verstärkt haben.

In den Handlungsweisen des Löwen spiegelt sich der Antreiber »Beeil dich« darin wider, dass hier oftmals, wie bereits weiter oben beschrieben, Quantität vor Qualität geht. Wenn eine Aufgabe angepackt wird, dann ist es wichtig, dass diese schnell erledigt wird. Der Löwe ist eben kein guter kontinuierlicher Arbeiter, sondern es ist ihm wichtig, dass die Dinge schnell vom Schreibtisch sind und Ergebnisse sichtbar werden. Dies zeichnet die Dynamik und zuweilen auch die hektischen Ansätze des Löwen aus. Oftmals neigen Löwen-Typen zudem dazu, viele Dinge parallel ans Laufen zu bringen, woraufhin möglicherweise die einzelne Aufgabe leidet.

Multitasking   !

In diesem Zusammenhang sei erwähnt, dass sich in unserer Gesellschaft nach wie vor das Gerücht der Fähigkeit zum Multitasking hält. Multitasking bedeutet, dass wir angeblich in der Lage sind, mehrere Aufgaben gleichzeitig zu erledigen. Generell ist dies auch nicht ganz verkehrt. Neuere wissenschaftliche Studien belegen allerdings, dass der Prozess des Multitasking im Vergleich zur Erledigung der Aufgaben nacheinander einen wesentlichen Nachteil hat. Bei den Aufgaben, die wir scheinbar zeitgleich erledigen, wird in Wirklichkeit in schneller Abfolge zwischen den einzelnen Arbeiten hin und her geschaltet, was dazu führt, dass wir einen nicht unwesentlichen Teil unserer Energie auf diese Umschaltprozesse verwenden. Dies senkt im Umkehrschluss die Effektivität beim Arbeiten um bis zu 40 Prozent und verursacht zudem überdurchschnittlich viel Stress. Auch die Annahme, dass es einen Geschlechterunterschied beim Multitasking zugunsten des weiblichen Geschlechts gibt, ist unlängst durch eine Studie einer Forschungsgruppe um Patricia Hirsch von der RWTH Aachen widerlegt worden.[26]

Für den Löwen-Typen können förderliche Denkansätze sein, dass er sich erlaubt, sich selbst die Zeit zu geben, die er für die Bearbeitung einer Aufgabe braucht. Zudem kann das Mantra »In der Ruhe liegt die Kraft« den Löwen-Typen dabei unterstützen, bei dieser Vorgehensweise mehr Handlungsspielraum zu gewinnen, wenn das Verhalten stressfördernde oder destruktive Auswirkungen annimmt.

Auch der Antreiber »Streng dich an« wird oftmals vom Löwen unbewusst durch das innere Stresstier® geweckt. Dieser Glaubenssatz kann zu einem inneren Leistungsdruck führen und eine innere Verbindung herstellen, die sinngemäß besagt, dass ein Ergebnis nur dann gut sein kann, wenn sich der Prozess dorthin schwer und anstrengend angefühlt hat. In diesem Fall darf darauf verwiesen werden, dass Arbeit auch Spaß bedeuten kann und Ergebnisse auch dann wertvoll und gut sein können, wenn das Tun leicht von der Hand geht. Die Wettkampfkomponente, die der Löwen-Typ in sich trägt, resultierend aus dem Messen mit anderen und der Revierverteidigung, kommen als Verstärker für diesen inneren Antreiber dazu.

---

26 Siehe hierzu Hirsch, Patricia/Koch, Iring/Karbach, Julia, Putting a stereotype to the test: The case of gender differences in multitasking costs in task-switching and dual-task situations, PLOS ONE 2019, https://doi.org/10.1371/journal.pone.0220150, zuletzt abgerufen 20.11.2019.

Dem Löwen-Typen fällt am ehesten unangenehm auf, wenn Menschen nicht schnell ins Handeln kommen. Dies wird als Schwäche und mangelnde Leistungsbereitschaft interpretiert. Auch hier gilt, dass die Verhaltensweise des Innehaltens und des Nachdenkens, bevor es ins Handeln geht, dem Löwen fehlende Facetten bieten kann, die das eigene Handeln erweitern könnten.

Antreiber des Affen

Bei unserem Affen-Typen wirken sich am ehesten die Antreiber »Sei stark« und »Sei perfekt« auf die natürlichen Verhaltensstrukturen aus. Du weißt vom Affen bereits, dass er das Stresstier® ist, welches am ehesten in sich zurückgezogen ist und in der Tendenz seine Gedanken nur marginal der Außenwelt preisgibt. Dies findet die deutlichste Ausprägung, wenn es um die Gefühlswelt des Affen geht. Gefühle machen die meisten Affen mit sich selber aus und sehen nur selten eine Veranlassung, diese öffentlich zu äußern oder zu diskutieren.

Der Antreiber »Sei stark« unterstützt diese Tendenz. Erziehungsansätze wie »Ein Indianer kennt keinen Schmerz« und ähnliche bestärken den Affen-Typen darin, dass das Zeigen von Gefühlen Schwäche bedeutet und eine ungewollte Nahbarkeit. Die Gedankenwelt des Affen im Hinblick auf die eigenen Gefühle ist eher ausgelegt auf Haltung bewahren nach außen und Zähne zusammenbeißen. Wie die innere Gefühlwelt aussieht, geht keinen etwas an. Auch in der Verhaltenstendenz »Ich komme schon allein zurecht« zeigt sich dieser Gedankenansatz. Bloß nicht nach außen zeigen, wenn man überfordert ist, sondern lieber die Sache mit sich selbst austragen. Die Erweiterung der eigenen Glaubenssätze um die Komponente: »Gefühle zu zeigen bedeutet Stärke und gibt anderen Menschen eine Orientierung über das eigene Befinden«, kann an dieser Stelle hilfreich sein.

Der Antreiber »Sei perfekt« spielt dem natürlichen Verhalten des Affen in die Karten und wird im Rahmen der Prägung verstärkt angenommen. Ein vermehrtes Fehlerbewusstsein führt dazu, dass diesbezügliches Außenfeedback intensiv wahrgenommen wird. Einfache Aussagen wie »Das geht aber noch besser« oder »Das war aber noch nicht ganz gründlich« setzen beim Affen Impulse, in Zukunft noch gründlicher an die Sache heranzugehen und nach Möglichkeit Fehler zu vermeiden. Ein erlaubender Glaubenssatz, der Flexibilität in die Struktur des Affen-Typen bringen kann, ist zum Beispiel: »Gut ist gut genug.« Auch der Gedanke, dass Fehler gemacht werden dürfen, um aus ihnen zu lernen, erweitert das Handlungsrepertoire des Affen-Typen.

Der Affe bewertet am ehesten die Verhaltensweisen anderer Menschen als negativ, die sich intensiv über eine Sache austauschen oder die sehr schnell ins Tun kommen. Diese Eigenschaften werden vom Affen als überflüssig und unüberlegt eingeordnet. Dem Affen könnte es an dieser Stelle helfen, sich einige dieser Eigenschaften zu eigen zu machen und sie situativ vermehrt einzusetzen, um andere Optionen für sein eigenes Handeln zu erlangen.

Gerade in Hinblick auf öffentliche Diskussionen kannst du die verschiedenen Stresstiere in Kombination mit den inneren Antreibern gut erkennen. Wenn es zum Beispiel um die gesellschaftliche Entwicklung geht, können unterschiedliche Tendenzen wahrgenommen werden. Die Gazelle wird wahrscheinlich am ehesten bemängeln, dass wir zunehmend in einer ichbezogenen Gesellschaft leben und nur noch Ellbogenmentalität vorherrscht und die Menschen es verlernt haben, miteinander zu reden. Wenn du diese Aussage in Hinblick auf unsere Stresstiere und die dahintersteckenden bevorzugten Antreiber analysierst, dann fällt dir schnell auf, dass gerade die Verhaltensweisen, die die Gazelle bevorzugt, hier als mangelndes Element in der Gesellschaft wahrgenommen werden. Der Löwe würde dementsprechend wahrscheinlich kritisieren, dass die Menschen in unserer Gesellschaft nicht mehr leistungsbereit sind und Sachen viel zu oft zerredet werden, bevor die Menschen endlich ins Handeln kommen. Auch hier siehst du, dass die eigenen Wünsche und Bedürfnisse dieses Stresstieres bei der Aussage federführend sind und tendenziell das von den eigenen Antreibern abweichende Verhalten in den Kritikfokus rückt. Beim Affen-Typen ginge die Aussage wohl am ehesten in die Richtung, dass die Gesellschaft sich zunehmend zu Aktionismus hinreißen lässt und die Menschen zu wenig nachdenken, bevor sie ins Handeln kommen. Zudem würde er wahrscheinlich eine gewisse Gefühlsduselei unterstellen und mokieren, dass die größten Jammerer die meiste Aufmerksamkeit bekommen. Eben die Charaktereigenschaften, die bei ihm im Bereich der blinden Flecke liegen.

Besonders deutlich beobachten kannst du die verschiedenen Stresstiere und die dahinterliegenden bevorzugten Antreiber bei einer politischen Diskussion im Fernsehen. Ich finde es faszinierend, wie nah beieinander oft die Meinungen vom Grundsatz her liegen. Die Differenzen kommen häufig erst durch die Ausführungen aus der Sicht des einzelnen Stresstieres und der Forderung der unbewussten Antreiber und Glaubenssätze zum Vorschein. Würde man diesen Aspekt einmal offen analysieren, bestünde in meiner Welt eine gute Chance dafür, sich im sachlichen Aspekt besser anzunähern. Zudem könnte durch das Erkennen der einzelnen Bedürfnisse und der dahinterliegenden Antreiber schneller ein Brückenschlag erfolgen und somit die Möglichkeit verstärken, dass sich die einzelnen Akteure in ihren unterschiedlichen unterbewussten Bedürfnissen eher verstehen und damit auch die Richtung, aus der der andere kommt, besser einordnen könnten. Dies wiederum würde zu einem besseren Verständnis dafür führen, warum es dem Diskussionspartner so wichtig ist, dass einzelne Aspekte des Themas noch einmal näher und intensiver beleuchtet werden. Es böte aber gleichzeitig auch die Chance zu erkennen, dass grundsätzlich ein Konsens besteht und es hier nicht um das Sachthema an sich geht, sondern lediglich darum, dass es aus unterschiedlichen Richtungen betrachtet wird.

Versuch einmal, wenn du dir bewusst eine politische Diskussion im Fernsehen anschaust, diese Aspekte voneinander zu trennen. Beobachte auch, bei welchen Argumenten du dich bevorzugt angesprochen fühlst. Dies gibt dir weitere Auskunft über deine eigenen inneren Glaubenssätze. Aussagen, mit denen du dich schnell identifizieren kannst, beinhalten wahrscheinlich Aspekte, die Resonanz bei deinen unbewussten Programmen hervorrufen. Aussagen, die du tendenziell ablehnst, zeigen dir, wo deine blinden Flecke liegen, beziehungsweise stehen deinen unbewussten Überzeugungen entgegen. Beleuchte an dieser Stelle auch, ob dies essenziell für das eigentliche Thema ist oder ob es sich hier lediglich um Gefühlsregungen auf der unterbewusst-emotionalen Ebene handelt, also mit anderen Worten gerade dein Stresstier® gekitzelt wird.

8.2   Die Motive hinter unserem Verhalten

Um ein glückliches und erfülltes Leben zu führen, ist es in erster Linie wichtig, dass du dich selbst gut kennst. Das Stresstier® bietet dir einen sehr guten ersten Einblick in deine Komfortzonen und bevorzugten Verhaltensweisen. Hierbei siehst du vor allen Dingen, wie sich deine Kommunikation und dein Verhalten im Stress verändern kann und welche Wünsche und Bedürfnisse in diesem Fall bei dir auftreten. Wenn du eine Stufe tiefer eintauchen möchtest, dann solltest du dir bewusst machen, dass hinter jedem menschlichen Verhalten individuell ausgeprägte Motive[27] stehen, die uns antreiben und motivieren. Dies findet zu jedem Zeitpunkt in unserem Leben statt. Unsere Bedürfnisse orientieren sich also primär an den in uns verankerten Lebensmotiven. Die wenigsten Menschen allerdings wissen, was sie wirklich antreibt im Leben. Oftmals haben sie nur ein vages Bauchgefühl von ihren Lebensmotiven, für die sie ins Tun kommen.

Allerdings ist es extrem wichtig zu wissen, was deine Lebensmotive sind, denn sie geben dir Energie und tanken deinen inneren Akku auf. Wenn du über einen längeren Zeitraum eins oder mehrere deiner Lebensmotive vernachlässigst oder vielleicht sogar dagegen arbeitest, so kostet dich das eine Menge Energie und wird dich unzufrieden machen. Du spürst dies dann daran, dass du das Gefühl hast, dass die Energie förmlich aus dir herausfließt. Wenn du hingegen dein Umfeld so gestaltest, dass möglichst viele deiner Lebensmotive bedient werden, dann erlebst du den Zustand des sogenannten Flow. Das bedeutet, dass alle Dinge, die du tust, dir absolut leichtfallen und du dich in einem klaren Zustand des Erlebens im Hier und Jetzt befindest.

---

27   Lebensmotive stellen hierbei eine differenziertere Betrachtung der weiter oben genannten Antreiber dar. Wenn du dir das Ganze an einem Zwiebelschalenmodell verdeutlichst, dann bilden die Lebensmotive den Kern der Zwiebel und beschreiben, warum wir Dinge in unserem Leben tun. Das Zusammenspiel dieser Motive legt die Schicht der Antreiber um diesen Kern. Dabei kann ein und derselbe Antreiber unterschiedliche Motive im Hintergrund haben. Der Antreiber »Sei perfekt« beispielsweise kann zum einen das Motiv »Anerkennung« (Fehler führen zum Entzug von Anerkennung), zum anderen das Motiv »Ordnung« (ein Fehler durchbricht die Struktur) als treibende Kraft haben. Durch die Betrachtung der Motive wird deutlich, welcher grundlegende Motivator hinter einem Antreiber steckt. Die Antreiber wiederum werden ummantelt von der Schicht der Werte. Die Werte beschreiben dabei, wofür wir etwas tun. Daraus entwickeln sich Verhaltenspräferenzen (das Wie) und schließlich die Wirkung (das Womit).

Achtung   !

Solltest du dich in Situationen begeben müssen, in denen es dir nicht möglich ist, die eigenen Motive zu leben, so ist es wichtig, dass du dir Situationen schaffst, die dieses Energiedefizit wieder ausgleichen.

Denk einmal zurück an Situationen in der Vergangenheit und hinterfrage dich, warum du bestimmte Dinge auf eine bestimmte Art und Weise getan hast. Was war der entscheidende Auslöser, der dich zum Handeln gebracht hat? Schnell wirst du feststellen, dass sich der entscheidende Punkt auf ein bestimmtes Motiv reduzieren lässt, welches dahintersteckt. Nimm dir ein paar Minuten Zeit, um einige Situationen in der Vergangenheit zu analysieren und für dich Klarheit zu gewinnen, warum du dich auf eine bestimmte Art und Weise verhalten hast. Helfen kann dir dabei die folgende Übung.

Finde deine Lebensmotive heraus   !

Notiere einige Situationen, in denen du dich für oder gegen etwas entscheiden musstest. Überlege nun für die einzelne Situation, welches das entscheidende Argument dahinter war. Versuche das Argument auf ein Stichwort zu reduzieren. Anhand öfter auftauchender Stichworte kannst du nun möglicherweise schon einige deiner inneren Antreiber ablesen.
Beispiel: Die Situation sah so aus, dass ich mich entscheiden sollte, ob ich auf die Dienstreise ins Ausland gehe oder nicht. Obwohl es sehr verlockend war und zudem finanziell sehr lukrativ, habe ich mich am Ende dagegen entschieden. Das entscheidende Argument dahinter war für mich, dass es zu viele Faktoren gab, die nicht genau einzuschätzen waren und dementsprechend viel Flexibilität erfordert hätten. Die Arbeit hier vor Ort hingegen ist mir vertraut und bietet mir feste Abläufe, die ich sehr mag. Auf ein Stichwort reduziert ist das entscheidende Argument wohl »Struktur«.
Probiere dies am besten für fünf unterschiedliche Situationen aus.

Du kannst das Zusammenspiel der einzelnen Lebensmotive gut mit einer Insel vergleichen, auf der es verschiedene Orte gibt.

Es wird Orte geben, an denen du dich gerne aufhältst. An diesen Orten sind dir die Regeln und Bräuche vertraut, du verstehst die Sprache und fühlst dich wohl. Du wirst wahrscheinlich vieles dafür tun, um dich möglichst oft an diesen Orten aufhalten zu können. Auf der anderen Seite wird es auch Orte geben, an denen du dich weniger gerne aufhältst oder die du möglicherweise sogar versuchst zu meiden. Bei diesen Orten werden dir die Regeln und Bräuche eher weniger vertraut sein. Du kannst das Verhalten der Menschen an diesen Stellen nur schwer nachvollziehen und fühlst dich tendenziell eher unwohl. Im Umkehrschluss bedeutet dies, dass du entweder Energie dafür aufwendest, um zu deinen Lieblingsorten zu gelangen, oder Energie dafür aufwendest, um deine Worst-Case-Orte zu meiden. Beim ersten Verhalten sprechen wir von einer sogenannten Hin-zu-Motivation, beim zweiten Verhalten von einer so genannten Von-weg-Motivation.

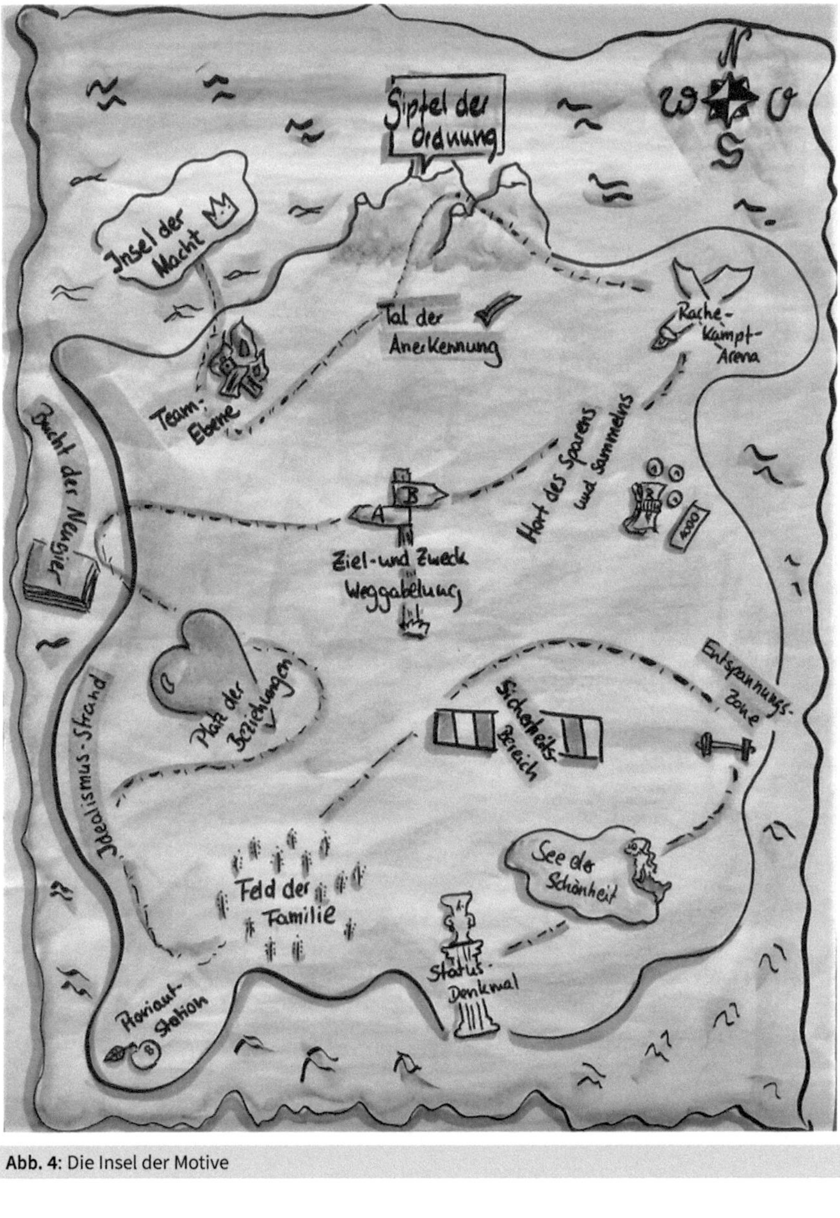

Abb. 4: Die Insel der Motive

Anhand der folgenden Beispiele wirst du besser verstehen, was eine Hin-zu-Motivation und eine Von-weg-Motivation sind. Stell dir vor, du stehst im Wald und plötzlich steht dir ein ausgewachsenes und aggressives Wildschwein gegenüber. In welche Richtung wirst du rennen? Im Prinzip ist es dir wahrscheinlich relativ egal, wie die genaue Richtung aussieht, der einzige Weg, den du nicht wählen wirst, ist der auf das Wildschwein zu. Dies ist ein klassisches Beispiel für die Von-Weg-Motivation. Du weißt nicht genau, in welche Richtung dich dein nächster Schritt führen wird, aber Hauptsache weg von dem, was du vermeiden möchtest. Stell dir nun eine andere Situation vor: Du bist in der Disco unterwegs und dir fällt eine äußerst sympathische Person ins Auge, mit der du dich gerne einmal unterhalten möchtest. In welche Richtung wird dich dein Weg diesmal führen? Die Antwort liegt klar auf der Hand: mehr oder weniger direkt zu deinem Ziel. In diesem Fall ist dir die Richtung sehr klar und wir sprechen von einer Hin-zu-Motivation.

Diese Motivationen stehen im alltäglichen Leben in einem dauerhaften Wechselspiel. Wir verwenden Energie, um Belohnungen zu erhalten, sprich, uns an unsere Wohlfühlorte zu begeben, oder um Schmerzen zu vermeiden, also unseren nicht so vertrauten Orten auszuweichen. Die Belohnungen erhalten wir am ehesten, wenn wir unserer inneren Motivation nachgehen. Daher ist es für eine ganzheitliche Betrachtung wichtig, die eigenen Lebensmotive zu kennen und zu wissen, wonach das Unterbewusstsein strebt, da nur wenige dieser Prozesse wirklich bewusst gesteuert werden. Je mehr du allerdings verstehst, wie deine inneren Lebensmotive funktionieren, desto eher bist du in der Lage, die unbewussten Prozesse bewusst zu machen und aktiv steuernd einzugreifen. Wenn du einmal herausgefunden hast, was dich im Leben antreibt, wirst du feststellen, dass es so etwas wie einen roten Faden in deinem Leben gibt, der deine Handlungen aktiv beeinflusst. Dieser rote Faden wiederum orientiert sich an deinen wichtigsten inneren Motiven.

Wenn du beispielsweise das Motiv Macht hoch ausgeprägt hast (eines von 16 Lebensmotiven), dann wirst du innerlich zufrieden sein, wenn du in vielen Situationen die Möglichkeit hast, Entscheidungen zu treffen. Ungünstig wäre es in diesem Fall, wenn du in einem Job bist, in dem dir ständig gesagt wird, was du zu tun und zu lassen hast und in dem dein eigener Entscheidungsspielraum stark eingeschränkt ist. Solltest du dich am gegenteiligen Pol aufhalten, so könnte man dich als den perfekten Dienstleister bezeichnen. Du orientierst dich in diesem Fall am liebsten an anderen und bist froh, wenn dir Entscheidungen abgenommen werden. Es würde dich in diesem Fall eher unglücklich machen, wenn du in einer Position bist, in der du oft selbstständig Entscheidungen treffen musst und dabei auf dich allein gestellt bist.

Gerade im beruflichen Umfeld kann es hilfreich sein, wenn du dir deiner eigenen Motive bewusst bist. Schließlich verbringen die meisten Menschen einen Großteil ihrer Wachzeit auf der Arbeit. Eine mangelnde Motiverfüllung führt zu einer generellen Unzufriedenheit. Im Arbeitsumfeld findet dies unter anderem Ausdruck in der Identifikation eines Mitarbeiters mit seinem Unternehmen. Je mehr die eigenen Motive erfüllt werden, umso größer die Bindung zum Unternehmen. Im Gallup Engagement Index 2018[28] lässt sich gut ablesen, wie sich die Lage am Arbeitsmarkt derzeit darstellt.

---

28 https://www.gallup.de/183104/engagement-index-deutschland.aspx, zuletzt abgerufen am 20.11.2019.

15 Prozent der Mitarbeiter haben eine hohe emotionale Bindung zum Unternehmen, 71 Prozent haben eine emotional geringe Bindung und 14 Prozent haben gar keine emotionale Bindung zu ihrem Unternehmen. Wenn man dies einmal auf das Bild einer Fußballmannschaft überträgt, lässt sich sagen, dass ein bis zwei Spieler aktiv für die eigene Mannschaft spielen, etwa 8 Spieler ziellos im Mittelfeld rumdümpeln und ein bis zwei Spieler aktiv auf das eigene Tor spielen. Emotionale Bindung an ein Unternehmen kann eben nicht stattfinden, wenn Arbeit und Gefühlswelt voneinander entkoppelt werden.

Ein gutes Instrument, die eigenen Lebensmotive trennscharf herauszukristallisieren, stellt hierbei das Reiss-Motivation-Profile® dar. Prof. Dr. Steven Reiss war ein US-amerikanischer Psychologe und einer der führenden Köpfe in der Motivationspsychologie sowie der intrinsischen Motivation. Er stellte sich unter anderem die Frage, was Menschen in ihrem Leben antreibt, wofür sie, im übertragenen Sinne, morgens aus dem Bett springen. Aus diesem Ansatz heraus hat er breitangelegte Studien erstellt, die genau diese Frage beantworten. Das Ergebnis findet sich in den 16 Lebensmotiven des Reiss-Motivation-Profile® wieder. Die 16 Lebensmotive beschreiben in einer abgestuften Skala die Wichtigkeit eines jeden einzelnen Lebensmotivs für den einzelnen Menschen. Aus der Kombination der 16 Lebensmotive ergibt sich so etwas wie ein Fingerabdruck der eigenen Persönlichkeit und eine genaue Einschätzung darüber, welche Motivation das Ausleben oder der Entzug eines Lebensmotivs für den entsprechenden Menschen bedeuten wird. Die Konsequenz einzelner Handlungen lässt sich daraus sehr gut im Voraus abschätzen.

Nimm als Beispiel das Motiv Idealismus. Idealismus beschreibt deinen Lebensfokus in Hinblick auf die Menschen, für die du dich verantwortlich fühlst. Wenn jemand das Motiv Idealismus hoch ausgeprägt hat, dann stehen die Menschen in seinem Fokus, die sozial benachteiligt sind und Hilfe benötigen. Wir sprechen in diesem Fall auch vom sogenannten Mutter-Teresa-Phänomen. Mutter Teresa war, wie dir wahrscheinlich bekannt ist, eine indische Ordensschwester, die berühmt wurde für ihre Arbeit mit armen und kranken Menschen. 1979 erhielt sie für ihr ausgeprägtes Engagement sogar den Friedensnobelpreis und wurde nach ihrem Tod durch Papst Johannes Paul II seliggesprochen. Ihr gesamtes Leben hat sie der Arbeit mit sozial Benachteiligten gewidmet. Was viele Menschen über Mutter Teresa nicht wissen, ist, dass sie angeblich ihre Mitschwestern geschlagen haben soll. Jetzt kannst du auf den ersten Blick annehmen, dass diese bewundernswerte Frau anscheinend zwei Gesichter hatte. Unter dem Aspekt der Lebensmotive jedoch ist dieses Verhalten in sich stimmig. Wie bereits beschrieben, liegt der Fokus beim Motiv Idealismus auf sozial Benachteiligte. Die eigenen Mitschwestern fallen nicht unter dieses Raster und von daher ist es in der Welt dieser Motivausprägung auch nicht verwerflich, diese etwas härter anzupacken. Aus Motivsicht ist dies also ein konsequentes Ausleben desselben, unabhängig davon, wie du es moralisch bewerten magst.

Ein ähnliches Beispiel wird über den deutsch-französischen Arzt, Philosophen und Theologen Albert Schweitzer berichtet. Auch bei ihm findet sich eine überdurchschnittlich hohe Ausprägung des Motivs Idealismus, was dazu geführt hat, dass er einen Großteil seines Lebens der Missionsarbeit gewidmet hat. Es wird von einem Briefwechsel zwischen Albert Schweitzer und seiner Familie berichtet, in dem die Familie Schweitzer darum bittet, zurück nach Hause zu kommen, weil es ihnen nicht gut gehe und sie ihn bräuchten. Angeblich soll Schweitzer mit einem Rückbrief geantwortet haben, in dem sinngemäß stand: »Euch geht es nicht gut? Den Kindern in Afrika geht es nicht gut, ich bleibe.« Hier siehst du eine ähnliche Verhaltensweise. Die eigene Familie steht weniger im Fokus als die sozial Benachteiligten in Afrika und somit führt auch hier das Motiv Idealismus dazu, dass es zu einem, von außen betrachtet, in erster Linie nicht nachvollziehbaren Verhalten kommt. Aus der Sicht des Motivs Idealismus allerdings ist auch dieses Verhalten mehr als konsequent. Menschen, deren Idealismus-Motiv niedrig ausgeprägt ist, schauen hingegen in erster Linie danach, wie es den Menschen in ihrem direkten Umfeld geht. Sie leben nach dem Motto: »Ich kehre erst mal vor meiner eigenen Hütte und wenn dann noch Zeit und Energie bleibt, kann ich mein Augenmerk auf diejenigen richten, die mir nicht so nahestehen.«

Wie du schon in der Stresstier®-Systematik erkennen konntest, führen solche, weit auseinanderliegenden Lebenseinstellungen dazu, dass das gegenseitige Verständnis erschwert wird. Auch in diesem Fall kann die eine Seite die andere Seite vom Verhalten her nur schwer nachvollziehen. Was bedeutet das nun für das alltägliche Leben? Wenn du eine starke Ausprägung im Motiv Idealismus hast, dann bist du empfänglich für alle Reize, die auf dieses Motiv einzahlen. Die allweihnachtliche Jose-Carreras-Spendengala, in der die Bilder von armen und hungernden Kindern gezeigt werden, wird dich wahrscheinlich eher ansprechen und dazu bringen zu spenden als jemanden, bei dem das Motiv Idealismus niedrig ausgeprägt ist. Wichtig ist bei diesen Unterschieden, genau wie bei unseren Stresstieren, die Wertung möglichst herauszunehmen. Ein Verhalten ist nicht besser oder schlechter als das andere, sondern es ist in erster Linie einfach anders.

Je öfter wir uns in Situationen aufhalten, die unsere angestammten Motive bedienen und befriedigen, desto wohler werden wir uns in unserem Leben fühlen. Es kann also sehr augenöffnend sein, ein eigenes Reiss-Motivation-Profile® erstellen zu lassen, um über die Ebene des Stresstieres hinaus tiefere Einblicke in die eigene Persönlichkeit zu gewinnen und das eigene Leben auf Basis dieser Erkenntnisse aktiv zu gestalten. Um einen ersten Einblick in diese Thematik zu gewinnen, findest du im Schaubild die unterschiedlichen Lebensmotive mit den jeweiligen Skalenausprägungen.

Persönliche Selbsteinschätzung

Triff möglichst spontan deine Entscheidung, wo auf der Skala du dich bzw. dein Gegenüber einordnen würdest

entscheidungsschwach	Macht	machtgeil
menschenorientierter Dienstleister	kann beides gut	erfolgsorientierter Gestalter

Klette	Unabhängigkeit	Einzelgänger
	kann beides gut	eigenverantwortlicher Freidenker

Langweiler	Neugier	Oberlehrer
praktischer Macher	kann beides gut	smarter Entdecker

arroganter Egoist	Anerkennung	devote Mimose
selbstbewusster Ruhepol	kann beides gut	einfühlsamer Perfektionist

Chaot	Ordnung	Erbsenzähler
kreativer Multitasker	kann beides gut	detailorientierter Planer

Verschwender	Sparen/Sammeln	Messie
großzügiger Wohltäter	kann beides gut	ökonomischer Bewahrer

selbstsüchtig	Ehre	nachtragend
zielorientierter Praktiker	kann beides gut	verlässliche Vertrauensperson

Egozentriker	Idealismus	Gerechtigkeitsfanatiker
eigeninitiativer Pragmatiker	kann beides gut	mitfühlender Visionär

Spaßbremse	Beziehungen	Sprücheklopfer
Freund fürs Leben	kann beides gut	aufgeschlossener Kontakter

emotionslos	Familie	gluckenhaft
freiheitsliebender Partner	kann beides gut	fürsorglicher Beschützer

Prolet	Status	Snob
bescheiden und demokratisch	kann beides gut	elitär und stilvoll

Weichei	Rache/Kampf	Choleriker
harmoniebedürftig	kann beides gut	durchsetzungsfähig

frigide	**Eros**	triebgesteuert
tugendhafter Asket	kann beides gut	romantischer Liebhaber
Schlinger	**Essen**	Genusssüchtiger
Purist	kann beides gut	Gourmet
fauler Sack	**körperliche Aktivität**	Hektiker
gemütlicher Kuscheltyp	kann beides gut	powervoller Athlet
Draufgänger	**emotionale Ruhe**	Neurotiker
selbstsicherer Optimist	kann beides gut	vorausschauender Stratege

Diese Grafik basiert auf der Motivstruktur des Reiss-Motivation-Profile® und dient lediglich einer ersten Selbsteinschätzung. Die bewusst wertenden Motivaussagen dienen ausschließlich der Erleichterung der Zuordnung durch Polarisierung und drücken keinesfalls die inhaltlichen Aussagen des Reiss-Motivation-Profile® aus!

Abb. 5: Motiv-Selbsteinschätzung

Die Intention des Reiss-Motivation-Profile® ist in erster Linie wertfrei. Alle Motivausprägungen sind gleichberechtigt und gleich gut. Das Zusammenspiel der unterschiedlichen Motivausprägungen bietet eine optimale Abdeckung aller Handlungsalternativen. Gegenteilige Motivausprägungen bieten dir eine Bereicherung in den dir fehlenden Facetten, stellen auf der anderen Seite allerdings auch gleichzeitig die größte Herausforderung dar, da an diesen Stellen in den meisten Fällen das Verständnis für die Verhaltensweisen des gegenteilig ausgeprägten Charakters fehlt.[29]

Um dir die Selbsteinschätzung zu erleichtern, habe ich eine abgewandelte Skala entwickelt, die an das Reiss-Motivation-Profile® angelehnt ist. Die Enden der Skala sind hier, im Gegensatz zum Originalprofil, jeweils zulasten der Wertfreiheit bewusst polarisierend gewählt. Das eher negativ besetzte Wort beschreibt die Sichtweise einer Person, die sich am anderen Ende der Skala wiederfindet, sozusagen die Schattenseite des Motivs. Der eher positiv besetzte Begriff gibt Auskunft darüber, wie sich ein Mensch sieht, der sich am entsprechenden anderen Ende der Skala einordnet. So kannst du in einer Selbstbetrachtung eher festlegen, was du über dich denkst bzw. was du, möglicherweise auch in negativer Form, schon einmal von anderen Menschen als Feedback zu deinem Verhalten bekommen hast. Dies soll die erste Einordnung vereinfachen.

---

29   Wenn du interessiert bist, für dich ein vertiefendes Reiss-Motivation-Profile® anfertigen zu lassen und somit Klarheit für dein Leben zu gewinnen, dann schau gerne auf meiner Homepage www.markusstork.de nach, dort findest du nähere Informationen und Angebote.

Arbeitshilfen online

Die Skala zur Selbsteinschätzung finden Sie auch auf www.haufe.de/
arbeitshilfen.

9 Häufig gestellte Fragen

Wenn ich das Stresstier® in meinen Seminaren vorstelle, dann tauchen häufig Fragen auf, die sich auf konkrete Lebenssituationen oder die Anwendung der Stresstier®-Systematik beziehen. Ich habe im Folgenden einige der häufigsten Fragen mit den dazugehörigen Antworten zusammengefasst. Einige der Antworten wirst du sicherlich schon beim Lesen dieses Buches selber gefunden haben, aber möglicherweise ist es hilfreich für das Verständnis, einige Erkenntnisse konkret in den praktischen Zusammenhang zu setzen.

Tragen wir nicht alle im Prinzip Anteile der drei Stresstiere in uns?
Ja, auf den ersten Blick ist das absolut richtig.

Da wir alle über sämtliche Gehirnteile verfügen und auch in der Lage sind, die unterschiedlichen Hormone zu produzieren, wirst du die Eigenschaften und Verhaltensweisen der einzelnen Stresstiere womöglich in den unterschiedlichen Situationen schon einmal bei dir beobachtet haben. Je entspannter wir sind, desto flexibler sind wir auch im Abrufen verschiedener Verhaltensmuster. So kann es sein, dass du von deinem ursprünglichen Stresstier® eher ein Affen-Typ bist (möglicherweise sogar in starker Ausprägung), dich aber durchaus schon einmal in einer entspannten Situation wiedergefunden hast, in der du sprichwörtlich Quasselwasser getrunken und sehr kommunikativ gewirkt hast.

Am deutlichsten kommen die Eigenschaften der Stresstiere dann zum Tragen, wenn du dich in einer angespannten Situation befindest. In diesem Fall schaltet dein Gehirn auf Autopiloten und ruft die Verhaltensmuster ab, die deinem Stresstier® am ehesten entsprechen. Der Logik folgend ist es sehr unwahrscheinlich, dass du als Affen-Typ in einer Stresssituation ein erhöhtes Mitteilungsbedürfnis empfindest. An diesen Stellen wirst du klar zum Rückzug tendieren und nach außen eher wortkarg wirken. Zudem kann es sein, dass dein Gehirn gelernt hat, sich in bestimmten Situationen oder einem speziellen Umfeld anzupassen. Vielleicht hast du als Gazellen-Typ in der Schule öfter mal eine Ermahnung dafür erhalten, wenn du dauernd mit dem Nachbarn gequatscht hast. In diesem Fall kann es sein, dass dein Gehirn aus dem Antrieb »Vermeidung von Schmerzen«, also aus der Von-weg-Motivation heraus, gelernt hat, in schulähnlichen Situationen dem Wunsch nach Austausch nicht nachzukommen und dies eher auf einen anderen Zeitpunkt zu verschieben.

Dementsprechend solltest du dein Verhalten in angespannten Situationen als Indikator für dein Stresstier® verwenden. Dasselbe gilt, wenn du herausfinden möchtest, was die inneren Antriebe deines Gegenübers sind. Es ist wesentlich aufschlussreicher, Menschen in Stresssituationen zu beobachten, in denen sie nur noch auf ein automatisiertes Handlungsrepertoire zurückgreifen, als sie in Situationen zu beobachten, in denen sie sehr entspannt sind. Dies ist im Übrigen einer der Gründe dafür, warum ich Unternehmen empfehle, ihre Bewerber, auch wenn dies einen Moment lang unangenehm ist, im Vorstellungsgespräch in einen gewissen Stress zu versetzen. Die Erkenntnisse, die dadurch gewonnen werden können, sind wesentlich aufschlussreicher, als den Bewerber bei einer entspannten Tasse Kaffee zu bitten, ein bisschen über sich zu erzählen. Weiter oben habe ich bereits erläutert, dass viele Menschen gar nicht genau in der Lage sind, festzumachen, was sie in ihrem Leben antreibt. Auf mittel- und langfristige Sicht helfen die Erkenntnisse aus der Stresssituation also dabei, dem zukünftigen Mitarbeiter eine Einsatzmöglichkeit zu bieten, die seinem Naturell entspricht. Gerade in Bewerbungsgesprächen kommt ansonsten schnell die soziale Erwünschtheit auf und die meisten Bewerber würden sich als teamfähig, wettbewerbsorientiert und gründlich zugleich bezeichnen. Besser ist es hier, die wahren Potenziale zu entdecken und im Sinne der langfristigen Zusammenarbeit und Mitarbeitermotivation den richtigen Platz für den Bewerber im Unternehmen zu finden.

Wie kann ich bei meinem Gegenüber schnell herausfinden, welches Stresstier® er in sich trägt?
Der einfachste Weg, Rückschlüsse auf das Stresstier® deines Gegenübers zu ziehen, ist, genau zuzuhören, wie er Dinge formuliert und wie er sich beim Sprechen verhält.

Wie du bereits in den Kapiteln »Die Sprache der Gazelle/ des Löwen/ des Affen« gelesen hast, gibt es bestimmte Indikatoren, die Rückschlüsse auf das jeweilige Stresstier® zulassen. Wenn dein Gegenüber häufig in »Wir-Formulierungen« redet, Worte wie »gemeinsam«, »Team« oder »zusammen« vorkommen, tendenziell eher schnell spricht und etwas unstrukturiert wirkt, dann sind das Anzeichen dafür, dass es sich wahrscheinlich um einen Gazellen-Typen handelt. In diesem Fall wirst du zudem feststellen, dass eher wenig Fremdworte benutzt oder Sachverhalte umschrieben werden, statt sie genau zu benennen. Findest du in den Gesprächen zudem oft die Vergangenheitsform (»Weißt du noch?« oder »Erinnerst du dich?«), dann hast du eine eindeutige Tendenz für einen Gazellen-Typen. Die Gazelle kommt bei Gesprächen, im Vergleich zu den anderen Stresstieren, zudem eher nah an den Gesprächspartner heran und es findet überdurchschnittlich viel Körperkontakt statt. Der Gesprächspartner wird etwa dreimal so häufig beim Sprechen berührt wie durch die anderen Stresstiere.

Wenn dein Gegenüber häufig in »Ich-Formulierungen« redet und Worte bzw. viele Steigerungsformen wie »einmalig«, »großartig«, »außergewöhnlich« oder ähnliche verwendet werden, die Sprache zudem recht laut und energisch ist, dann können dies Anzeichen dafür sein, dass du es mit einem Löwen-Typen zu tun hast. Der Löwen-Typ neigt zudem zu Dominanzgesten und Reviermarkierungsverhalten. Im Gespräch kann das so aussehen, dass er dir beim Händeschütteln deine Handfläche nach unten dreht, um symbolisch die Oberhand zu gewinnen, oder dir zusätzlich eine Hand auf den Oberarm legt, um unbewusst zu signalisieren, wer das Alpha-Tierchen ist. Die Körperhaltung ist eher breit (breites und aufrechtes Stehen oder Sitzen) und die Gesten sind tendenziell ausladend und raumgreifend. Das Vokabular des Löwen-Typen ist in der Regel direkt und manchmal etwas derb. Wenn du zudem noch die Gegenwart in der Erzählweise wahrnimmst, gepaart mit Worten der Aktivität, direkter Rede und Anweisungsformen, beispielsweise: »Und ich sage zu ihr: ›Das muss sofort erledigt werden!‹«, dann kannst du daraus recht eindeutig auf einen Löwen-Typen schließen.

Wenn dein Gegenüber häufig in »Man-Formulierungen« redet und Formulierungen in der Möglichkeitsform benutzt, wie »möglicherweise«, »gegebenenfalls« oder »wahrscheinlich«, etwas leiser redet und Sachverhalte kurz und knapp beschreibt, manchmal sogar nur stichpunktartig, dann ist dies ein Indiz für den Affen-Typen. Zudem kannst du beobachten, dass der Abstand zum Gesprächspartner überdurchschnittlich groß ist. Wenn du einen Schritt auf den Affen-Typen zu machst, dann wird er ausweichen, um den Sicherheitsabstand wiederherzustellen. Schaust du dir nun die Mimik und Gestik genauer an, dann kannst du beim Affen-Typen feststellen, dass diese eher spärlich ausgeprägt sind. Mit den Armen wird, wenn überhaupt, oftmals in der T-Rex-Stellung gestikuliert. Das bedeutet, dass die Oberarme am Körper anliegen und lediglich die Unterarme verwendet werden, um Aussagen gestikulierend zu unterstreichen. Diese Bewegungen erinnern stark an die Dinosaurierspezies T-Rex (der mit den kurzen Armen), daher die Bezeichnung.

Wie kann ich die Erkenntnisse aus dem Stresstier® einsetzen, um meine Mitarbeiter zu motivieren?
Mitarbeitermotivation findet in den meisten Unternehmen entweder aus der Tradition heraus (zum 25-jährigen Jubiläum gibt es immer eine Urkunde) oder anhand der Vorlieben der Führungskraft statt. Wenn die Führungskraft also eine Gazelle ist, dann werden zur Motivation häufig Teamevents oder ein Essen mit dem Geschäftsführer ausgelobt. Wenn die Mitarbeiter ähnliche Vorlieben haben wie die Führungskraft, dann können diese Maßnahmen sehr motivierend sein. Besser jedoch ist es, die Stresstiere der einzelnen Mitarbeiter zu beobachten und daraus Rückschlüsse für deren jeweilige Motivation zu ziehen.

- Für den Gazellen-Typen eignen sich am besten alle Maßnahmen, die das Teamgefühl, den persönlichen Kontakt und den Austausch fördern. Hier kann der Abteilungsausflug, die Geburtstagskarte vom Chef oder ein lobendes Wort in Gegenwart der anderen Kollegen ein hoher Motivator sein. Für den Arbeitsalltag ist es wichtig, der Gazelle möglichst viele Räume zum Austausch zu bieten. Sie liebt den Plausch mit den anderen Kollegen, das gemeinsame Mittagessen oder die offene Tür beim Chef.
- Der Löwe kann am besten motiviert werden durch alles, was einen Wettbewerbscharakter hat und besondere Anreize bietet. Die Urkunde als »Mitarbeiter des Monats« oder der besondere Kugelschreiber als Präsent für erbrachte Leistun-

gen, die Reise für den besten Verkäufer und Ähnliches können in diesem Fall ein hoher Motivator sein. Wenn der Löwe Entscheidungskompetenzen eingeräumt bekommt, dann blüht er in der Regel auf. Zudem genießt er es, gesagt zu bekommen, dass er unersetzbar für das Unternehmen ist. Events, in denen mal so richtig auf die Pauke gehauen werden kann und in denen der Löwe hofiert wird, können gelungene Motivationsmaßnahmen darstellen.

- Der Affen-Typ genießt eher die stille Art der Motivation. Wenn in einem Vier-Augen-Gespräch besondere Leistungen lobend erwähnt oder wenn dem Affen Freiheiten eingeräumt werden, dann stellt das für ihn eine Motivation dar. Alles, was in Richtung Teamevent oder öffentliche Veranstaltung geht, wirkt eher kontraproduktiv. Im Arbeitsalltag ist es für den Affen-Typen wichtig, Dinge in Ruhe und strukturiert angehen zu können und Raum für sich zu haben. Ein Einzelbüro oder eine abgetrennte Raumecke können sich hier motivierend auf die Arbeitsleistung auswirken. Wird er zudem noch mit komplexen Themen betraut, dann fühlt sich der Affe in der Regel wohl.

Wie unterschiedlich Motivationsversuche in Unternehmen wirken können, habe ich neulich live mitbekommen. Eine Führungskraft hatte als Leistungsanreiz ein Abendessen mit der Führungsetage ausgelobt. Ein Affen-Typ kommentierte daraufhin ironisch die aufkeimende Motivation der Löwenkollegen mit den Worten: »Was manche Leute für ein Schälchen Reis tun, ist wirklich unfassbar.« In einem anderen Unternehmen gab es wiederum seit vielen Jahren die Tradition, dass die besten Vertriebler auf eine Reise eingeladen wurden, die komplett vom Unternehmen finanziert wurde. Als dieser Anreiz gestrichen wurde, quittierten die Löwen-Typen im Unternehmen dies damit, dass sie ab sofort nur noch auf Sparflamme arbeiteten. Bei den Gazellen und Affen ließen sich keine Einbrüche in der Arbeitsleistung beobachten.

Soll ich mein Verhalten ändern, wenn ich für mich festgestellt habe, dass ich ein bestimmtes Stresstier® bin und dies nicht so gut zu meinem Umfeld passt?
Auch hier gilt wieder die Erkenntnis, dass es uns in entspannten Situationen tendenziell leichter fällt, ein breites Verhaltensrepertoire abzurufen. Daher kann es durchaus reizvoll und bereichernd sein, in Wohlfühlsituationen von Zeit zu Zeit einmal neue Verhaltensweisen zu testen und auszuprobieren, wie sich das für dich anfühlt. Vielleicht bist du ein Gazellen-Typ und probierst dich einmal im Löwen-Vokabular aus, um für bestimmte Situationen nach außen selbstbewusster zu wirken. Oder du bist ein Affen-Typ und bedienst dich von Zeit zu Zeit der Gazellen-Sprache, um den kommunikativen Aspekt in dir nach vorne zu bringen. Hier gilt: Probiere unterschiedliche Verhaltensweisen aus und schau einfach, ob sie dir Vorteile oder Zugewinne bringen.

Auf der anderen Seite ist das Stresstier® tief in dir verankert. Das bedeutet auch, dass dein Unterbewusstsein sich wohlfühlt, wenn es in Richtung des Stresstieres bedient wird. In den 80er-Jahren gab es in der Coaching-Szene den weitverbreiteten Ansatz, dass von den Menschen stetig gefordert wurde, sich zu verändern und sich immer wieder neu zu erfinden. Es hat sich allerdings auch herausgestellt, dass dieser Prozess nicht optimal ist. Ich vertrete die Meinung, dass du gerne neue Sachen und Verhaltensmuster ausprobieren solltest, um ein Feedback für dich darüber zu bekommen, was dir guttut und was dir nicht guttut. Allerdings finde ich es viel wichtiger, dass du verstehst, was dich wirklich antreibt im Leben, und dann dein Umfeld so gestaltest, dass du deine eigenen Motive und Bedürfnisse optimal ausleben kannst. Dies ist viel effektiver, als sich dauerhaft auf Spielfeldern aufzuhalten, auf denen du gegen deine inneren Antriebe ankämpfen musst. Die Gestaltung des persönlichen Umfelds ist einer der wichtigsten Faktoren für eine erfüllende Lebensgestaltung.

Solltest du also durch das Stresstier® herausgefunden haben, dass du dich in einer Umgebung bewegst, in der deine inneren Antriebe und Bedürfnisse ständig zurückgeschraubt werden müssen, so kann es sehr sinnvoll sein, dir die Frage zu stellen, ob sich das Umfeld in irgendeiner Weise modifizieren lässt. Wenn dies nicht möglich ist, kannst du einen ehrlichen Blick auf die Gesamtsituation werfen und dir die Frage beantworten, ob die Gesamtumstände so sind, dass du einigermaßen mit ihnen leben kannst und in anderen Bereichen genug Ausgleich findest. Wenn du diese Frage mit »Nein« beantwortest, dann ist es möglicherweise an der Zeit, sich nach neuen Alternativen umzuschauen.

Mit diesen drei Möglichkeiten, die oftmals auch als »Take it« (das bedeutet so viel wie: »Nimm es so hin, wie es ist«), »Change it« (das heißt: »Ändere es an den Stellen, an denen es zu ändern ist«) oder »Leave it« (das bedeutet in etwa: »Steig aus und suche dir etwas Neues, was deinen Bedürfnissen eher entspricht«) benannt werden, lernst du auch zu unterscheiden, ob du Energie in die richtigen Bereiche gibst. Die meisten Menschen verwenden viel zu viel Energie darauf, Dinge ändern zu wollen, bei denen es keine Veränderungsmöglichkeit gibt (»Take it«). Hier trifft das berühmte Bild von Don Quichotte zu, der sein Leben lang versucht hat, gegen die Windmühlen anzukämpfen.

Wenn du also feststellst, dass deine investierte Energie verpufft und das Level der Unzufriedenheit ansteigt, stell dir die Frage, wie du deine Lebensbereiche, in denen du dich maßgeblich aufhältst, so gestalten kannst, dass dein Stresstier, deine Motive und Werte möglichst optimal befriedigt werden.

Muss ich mich denn jetzt verbiegen, wenn ich merke, dass mein Gegenüber ein anderes Stresstier® hat?
Allein die Erkenntnis, dass bei deinem Gegenüber ein anderes Stresstier® zu finden ist als bei dir, kann eine Situation an und für sich schon entspannen. Die Bewertungsebene tritt in den Hintergrund zugunsten einer Beobachtungsebene im eher wertfreien Bereich. In einigen vorangegangenen Kapiteln habe ich bereits erläutert, dass unser Unterbewusstsein für die Dinge, die uns ähnlich sind, empfänglicher ist.

Daher hast du die Möglichkeit, durch Variationen in deinem eigenen Verhalten deinem Gegenüber Angebote zu machen, die die Kommunikation erleichtern.

Ein Beispiel aus dem Bereich Vertrieb: Ich war mit meiner Frau einkaufen und brauchte noch einen Reisewecker. Wir gingen also zusammen in das nächste Kaufhaus und ich fragte eine Verkäuferin im Erdgeschoss, wo ich denn Reisewecker finden könne. Daraufhin musste ich mich eine Viertelstunde lang rechtfertigen, wofür man denn in der heutigen Zeit noch Reisewecker braucht. Ich fand mich plötzlich in einer Diskussion wieder, die ich nicht führen wollte ... – ich hatte es offensichtlich mit einem Löwenweibchen zu tun, das gerade alles daransetzte, mich davon zu überzeugen, dass das Handy genau dieselben Funktionen besitzt wie ein Reisewecker. Diese Situation alleine war schon extrem unangenehm für mich. Die Krone wurde dem Ganzen dann aufgesetzt, als die Dame mir sagte: »Reisewecker gibt es auf dieser Etage nicht, da müssen Sie hochfahren in die 3.« Leicht angefressen startete ich also einen zweiten Versuch und fuhr mit meiner Frau in die dritte Etage. Dort angekommen hielt ich Ausschau nach einer Verkäuferin und entdeckte endlich eine auf der großen verkäuferleeren Fläche. Zielstrebig ging ich auf sie zu und sagte: »Schönen guten Tag, ich möchte gerne einen Reisewecker kaufen!« Die Verkäuferin trat einen Schritt zurück, benutzte ihre Arme, um eine imaginäre Linie in der Luft zu ziehen, wobei ihr Blick diese Linie entlangschaute und sagte ohne weitere Regungen zu mir: »Bis hierhin geht meine Abteilung.« – Da war ich vom Löwen an den Affen geraten. Mein innerlicher Affe schaltete derweil auf stumm, ich verließ, meine Frau im Schlepptau, wortlos das Kaufhaus und erst nach dem ersten Bissen in einen leckeren Hotdog war ich überhaupt wieder in der Lage, etwas zu sagen.

An dieser Stelle hätte ich mir gewünscht, dass die einzelnen Verkäuferinnen mich als Kunden mit meinen Bedürfnissen mehr in den Vordergrund gestellt hätten. Beide Verhalten waren aber im Hinblick auf die Stresstier-Typen absolut nachvollziehbar. Bei der ersten Verkäuferin habe ich den löwenhaften Wettbewerbsdrang getroffen und die Diskussion über den Reisewecker war die Schlacht, die vom Löwen geschlagen werden wollte. Bei der zweiten Verkäuferin gab es sachlich-inhaltlich nichts zu bemängeln. Sie hat mir auf neutrale Art und Weise mitgeteilt, wie die Abteilungsgrenzen in der dritten Etage verlaufen.

Dennoch ist es – insbesondere im Vertrieb und Verkauf – ratsam, das eigene Verhalten etwas zurückzunehmen und Handlungsflexibilität zu entwickeln. Die erste Verkäuferin hätte das Anliegen klarer zur Kenntnis nehmen und mich mit Affenvokabular, gepaart mit der Freundlichkeit der Gazelle, in die dritte Etage überleiten müssen, ohne die Diskussion, wofür ich einen Reisewecker benötige. Der zweiten Verkäuferin hätte es gut gestanden, wenn ein wenig Löwendenken geweckt worden wäre und der damit verbundene Antrieb, etwas zu verkaufen. Möglicherweise hätte ihr der Zugriff auf die kommunikativen und teamorientierten Aspekte der Gazelle die Variante geboten, mich zur zuständigen Kollegin zu bringen. Du kannst dieser kleinen, wirklich erlebten

Story entnehmen, dass es mitunter sinnvoll sein kann, seine eigene Handlungsbreite ein wenig zu erweitern, wenn es zweckdienlich ist.

In diesem Zusammenhang ist es unerlässlich, über sein eigenes Stresstier® hinauszugehen, wenn ich das Ziel habe, den Kundenwunsch zu befriedigen. Häufig fallen Menschen allerdings in solchen oder ähnlichen Situationen in ihr angestammtes Stresstier® zurück und verlieren das eigentliche Ziel aus den Augen.

10 Diskutier mit mir und anderen und teil deine Erfahrungen

Ich hoffe, dir mit diesem Buch einige Anregungen und Impulse gegeben zu haben, wie du dein inneres Stresstier® nutzen kannst, um noch glücklicher und zufriedener durchs Leben zu gehen. Vielleicht hast du schon einige Menschen in deinem Bekannten-, Freundes- oder Kollegenkreis vor Augen, die du durch die neuen Erkenntnisse auf eine neue Art und Weise wahrnimmst. Zudem hoffe ich, dass ich dich dazu anregen konnte, Kommunikation auf eine leichte und spielerische Art und Weise wahrzunehmen und demnächst öfter in diesem Bereich zu experimentieren und etwas zu wagen.

Da dieses Buch nur ein erster Startschuss war und du hoffentlich neugierig geworden bist auf deine eigene Persönlichkeit und die Facetten, die zurzeit vielleicht noch im Verborgenen liegen, lade ich dich ein, deine Erfahrungen, Fragen und Anregungen mit mir und den anderen Lesern zu teilen. Ich habe dazu eine Facebook-Seite eingerichtet, du erreichst die Seite unter fb.me/Stresstier. Besonders freue ich mich über Berichte aus dem alltäglichen Leben, wo dir die Stresstiere schon einmal begegnet sind. Zusätzlich stelle ich dir auf dieser Seite interessante und wissenswerte Neuigkeiten zum Stresstier® zur Verfügung. Ich lade dich herzlich ein, dich umzuschauen, Fragen zu stellen und mitzudiskutieren, damit sich ein möglichst reger Austausch untereinander ergibt und wir alle voneinander lernen können. Gerne kannst du über diesen Kanal auch andere Themen einbringen, die dich im Zusammenhang mit den Themen Persönlichkeitsentwicklung und Kommunikation interessieren. Ich werde die Anregungen gerne als Impulse für neue Projekte nutzen.

Ich wünsche dir viel Erfolg bei deiner weiteren Entwicklung, freue mich, dass ich deinen Weg ein Stück begleiten durfte und hoffe, dass dieses Buch für dich der Impuls für eine wunderbare Reise in die spannende Welt der Persönlichkeit ist.

Über den Autor

Markus H. Stork (Jahrgang 1975) ist seit 1998 erfolgreich im Trainings- und Coachingbereich aktiv. Als weltweit einziger Persönlichkeitsleser® qualifizierte er bereits tausende von Menschen in den Themen Persönlichkeitsentwicklung, Kommunikation und Zielerreichung. Mit seinen Unternehmen Stork Training & Coaching und DIE StressRetter berät er Führungskräfte und Unternehmen in den Bereichen Mitarbeiterführung, Teamentwicklung und Stressprävention. Er ist zudem zertifizierter Reiss-, LUXX- und ID37-Profile-Master®.

Die Neuropädagogik, das Zusammenspiel zwischen Gehirnstrukturen und deren praktischen Nutzen, ist sein Spezialgebiet. Er gestaltete unter anderem aktiv die Arbeitsstelle für kreative Lehr- und Lernformen, Umwelt-, Friedens- und Neuropädagogik an der Westfälischen Wilhelms-Universität zu Münster in Zusammenarbeit mit Prof. Dr. Peter Heitkämper. Sein Studium im Bereich der Diplom-Pädagogik, zahlreiche Fort- und Weiterbildungen im Bereich des NLP (er ist unter anderem einer von wenigen NLP-Hypno-Coaches weltweit) führten zu einem fundierten Wissen in diesen Bereichen, aus denen er eine eigene Trainings- und Coachingmethodik entwickelt hat.

Das Stresstier® stellt eine neue Systematik zur Veranschaulichung des Zusammenspiels zwischen inneren Prozessen und Kommunikationsverhalten dar. Wesentliches Element ist dabei die leichte Anwendbarkeit und der Bezug zur Alltagspraxis.

Zusammen mit seiner Frau Henrike und seinen beiden Kindern Jendrik und Felina lebt der Autor in Everswinkel bei Münster.

Nähere Informationen erhältst du unter: www.markusstork.de.

Als Diskussionsforum für dieses Buch wurde zudem die Facebookseite »Das Stresstier« eingerichtet. Du erreichst sie unter fb.me/Stresstier.

Danksagung

Ein Buch zu schreiben und die vielen Gedanken in verständliche Worte zu fassen, bedeutet viel Arbeit für den Autor, wäre allerdings nicht möglich ohne die Prägungen, die ich selber erhalten habe, und die vielen wertvollen Menschen, die im Hintergrund direkt und indirekt mitgewirkt haben. Da ich mich nicht bei allen bedanken kann, seien hier stellvertretend ein paar Menschen erwähnt, denen ich ein besonderes Dankeschön aussprechen möchte.

Ganz herzlich bedanken möchte ich mich natürlich an erster Stelle bei meiner Frau Henrike. Ich liebe dich über alles! Und bin glücklich und dankbar, dass du mir auch während dieses Projektes wieder den Rücken freigehalten hast, damit ich mich in meine Höhle zurückziehen konnte, um meine Gedanken in Worte zu fassen. Schön, dass es dich gibt!

Ein liebevoller Dank geht auch an meine wundervollen Kinder Jendrik und Felina. Ihr bereichert mein Leben unendlich und macht mich jeden Tag aufs Neue glücklich!

Vielen Dank, Mama und Papa, für eure wertvollen Erziehungsimpulse und eine wundervolle, behütete Kindheit. Und für euer kommunikatives Vorbild, das mein Interesse dafür geweckt hat, anderen Menschen offen und wertfrei zu begegnen. Danke für eure liebevolle Geduld, ein Affen-Kind großzuziehen. Fühlt euch von Herzen gedrückt!

Vielen Dank auch an meinen Bruder Thomas, der durch seine einzigartige Art mein Leben bereichert und mich andere Facetten des Stresstieres erleben lässt ;)

Auch meinen Schwiegereltern an dieser Stelle vielen Dank für all die Impulse, die im Austausch mit euch entstehen, und die schönen Erlebnisse, die wir gemeinsam haben dürfen. Und natürlich auch für die ein oder andere Geschichte, die ich in diesem Buch verwenden durfte.

Ein stellvertretendes Dankeschön an Judith Banse von der Haufe Lexware GmbH & Co. KG, die es möglich gemacht hat, dass dieses Buch erscheinen kann, an meine Lektorin Gabriele Vogt, deren konstruktive Ideen und Anmerkungen dieses Buch bereichert haben und natürlich an alle fleißigen Bienchen, die direkt und indirekt bei der Erstellung und Vermarktung des Buches im Hintergrund aktiv sind.

Und natürlich danke an dich, dass du dieses Buch gelesen hast und hoffentlich die Idee des Stresstieres® in deinen Beruf und dein Leben einfließen lässt und weiterträgst.

Literaturverzeichnis

Dr. Ariely, Dan (2009), Predictably Irrational, Revised: The Hidden Forces That Shape Our Decisions. Revised And Expented Edition, London.

Geisselhart, Oliver (2005), Kopf oder Zettel? Ihr Gedächtnis kann wesentlich mehr als Sie denken, GABAL.

Geisselhart, Oliver/Lange, Helmut (2014), Kaputt ist der Kopf: Mit Wortbildern hundert und mehr Lateinvokabeln pro Stunde lernen, mvg Verlag.

Hirsch, Patricia/Koch, Iring/Karbach, Julia (2019), Putting a stereotype to the test: The case of gender differences in multitasking costs in task-switching and dual-task situations. PLOS ONE, https://doi.org/10.1371/journal.pone.0220150, letzter Zugriff 17.08.2019.

Kahler, Taibi/Musselmann, Rainer/ Feuersenger, Elisabeth (2003), Prozesskommunikation: Der Schlüssel für konstruktive Kommunikation; Chancen nutzen, Risiken erkennen, Barrieren überwinden. Kahler Communication.

MacLean, Paul D./Kral, Vojtech Adalbert (1969), A triune conception of the brain and behaviour. Including Psychology of memory and Sleep and dreaming; papers presented at Queen's University, Kingston, Ontario.

Mielke, Alexander/Preis, Anna/Samuni, Liram/Gogarten, Jan F./Wittig, Roman M./Crockford, Catherine (2018), Flexible decision-making in grooming partner choice in sooty mangabeys and chimpanzees, online verfügbar unter https://doi.org/10.1098/rsos.172143, letzter Zugriff 17.08.2019.

Obad, Christian (2019), 33 Tipps für effektive Meetings, erfolgreiche Besprechungen und zielführende Sitzungen, Independently Published.

Reiss, Steven: Das Reiss Profile (2009), Die 16 Lebensmotive. Welche Werte und Bedürfnisse unserem Verhalten zugrunde liegen (Dein Erfolg), GABAL.

Spitzer, Manfred (2006), Vorsicht Bildschirm! Elektronische Medien, Gehirnentwicklung, Gesundheit und Gesellschaft, dtv.

Stork, Markus (2015), Relax! Be! Happy! 25 Impulse zum Entspannen, Genießen und Glücklichsein, Norderstedt.

Watzlawick, Paul (2009), Anleitung zum Unglücklichsein, Piper Taschenbuch.

Abbildungsverzeichnis

Exklusiv für Buchkäufer!

Ihre Arbeitshilfen zum Download:

▶ http://mybook.haufe.de/

▶ Buchcode: COX-8562